Editionen für den Literaturunterricht
Herausgegeben von Thomas Kopfermann

Gotthold Ephraim Lessing
Emilia Galotti

mit Materialien,
ausgewählt von Rainer Siegle

Ernst Klett Schulbuchverlag Leipzig
Leipzig Stuttgart Düsseldorf

Die innerhalb des Textes in Fußnoten stehenden Erläuterungen wurden vom Bearbeiter zur leichteren Erschließung des Textes hinzugefügt.

1. Auflage   1 8 7 6 5 | 2008 2007 2006 2005

Alle Drucke dieser Ausgabe können im Unterricht nebeneinander benutzt werden, sie sind untereinander unverändert. Die letzte Zahl bezeichnet das Jahr dieses Druckes.
Der Abdruck folgt der Ausgabe: Gotthold Ephraim Lessing: Werke. In Zusammenarbeit mit Karl Eibl, Helmut Göbel, Karl S. Guthke, Gerd Hillen, Albert von Schirnding und Jörg Schönert hrsg. von Herbert G. Göpfert. Zweiter Band. Munchen: Carl Hanser 1971: 127–207.

Die Materialien folgen der reformierten Rechtschreibung. Ausnahmen bilden Texte, bei denen künstlerische, philologische oder lizenzrechtliche Gründe einer Änderung entgegenstehen.

Materialien: © Ernst Klett Schulbuchverlag Leipzig GmbH, Leipzig 2004
Internetadresse: http://www.klett-verlag.de
Alle Rechte vorbehalten.

Das Werk und seine Einzelteile sind urheberrechtlich geschützt. Jede Nutzung in anderen als den gesetzlich zugelassenen Fällen bedarf der vorherigen schriftlichen Einwilligung des Verlages. Hinweis zu § 52a UrhG: Weder das Werk noch seine Teile dürfen ohne eine solche Einwilligung eingescannt und in ein Netzwerk eingestellt werden. Dies gilt auch für Intranets von Schulen und sonstigen Bildungseinrichtungen.

Redaktion: Andrea Höppner, Gaby Leppin
Umschlaggestaltung: Sandra Schneider nach Entwürfen von MetaDesign, Berlin
Umschlagfoto: Jenny Schily in einer Inszenierung des Staatsschauspiels Dresden 1996, Foto: Hans Ludwig Böhme, Dresden.
Druck: Clausen & Bosse GmbH, Leck

ISBN: 3-12-352110-9

Personen

EMILIA GALOTTI
ODOARDO und ⎫
⎬ GALOTTI, Eltern der Emilia
CLAUDIA ⎭
HETTORE GONZAGA, Prinz von Guastalla
MARINELLI, Kammerherr des Prinzen
CAMILLO ROTA, einer von des Prinzen Räten
CONTI, Maler
GRAF APPIANI
GRÄFIN ORSINA
ANGELO und einige Bediente

Erster Aufzug

(Die Szene: ein Kabinett des Prinzen)

Erster Auftritt

DER PRINZ, *an einem Arbeitstische, voller Briefschaften und Papiere, deren einige er durchläuft[1]:*

Klagen, nichts als Klagen! Bittschriften, nichts als Bittschriften! – Die traurigen Geschäfte; und man beneidet uns noch! – Das glaub ich; wenn wir allen helfen könnten: dann wären wir zu beneiden. – Emilia? *(indem er noch eine von den Bittschriften aufschlägt, und nach dem unterschriebnen Namen sieht)* Eine Emilia? – Aber eine Emilia Bruneschi – nicht Galotti. Nicht Emilia Galotti! – Was will sie, diese Emilia Bruneschi? *(Er lieset)* Viel gefodert; sehr viel. – Doch sie heißt Emilia. Gewährt! *(Er unterschreibt und klingelt; worauf ein Kammerdiener hereintritt.)* Es ist wohl noch keiner von den Räten in dem Vorzimmer?

DER KAMMERDIENER: Nein.

DER PRINZ: Ich habe zu früh Tag gemacht. – Der Morgen ist so schön. Ich will ausfahren. Marchese[2] Marinelli soll mich begleiten. Lass ihn rufen. *(Der Kammerdiener geht ab.)* – Ich kann doch nicht mehr arbeiten. – Ich war so ruhig, bild ich mir ein, so ruhig – Auf einmal muss eine arme Bruneschi, Emilia heißen: – weg ist meine Ruhe, und alles! –

DER KAMMERDIENER *(welcher wieder hereintritt):* Nach dem Marchese ist geschickt. Und hier, ein Brief von der Gräfin Orsina.

DER PRINZ: Der Orsina? Legt ihn hin.

DER KAMMERDIENER: Ihr Läufer wartet.

DER PRINZ: Ich will die Antwort senden; wenn es einer bedarf. – Wo ist sie? In der Stadt? oder auf ihrer Villa?

DER KAMMERDIENER: Sie ist gestern in die Stadt gekommen.

DER PRINZ: Desto schlimmer – besser; wollt ich sagen. So braucht der Läufer um so weniger zu warten. *(Der Kammerdiener geht*

---

[1] überfliegt

[2] italienischer Adelstitel zwischen Baron und Graf

ab.) Meine teure Gräfin! *(Bitter, indem er den Brief in die Hand nimmt)* So gut, als gelesen! *(und ihn wieder wegwirft.)* – Nun ja; ich habe sie zu lieben geglaubt! Was glaubt man nicht alles? Kann sein, ich habe sie auch wirklich geliebt. Aber – ich habe!

DER KAMMERDIENER *(der nochmals hereintritt):* Der Maler Conti will die Gnade haben – –

DER PRINZ: Conti? Recht wohl; lasst ihn herein kommen. – Das wird mir andere Gedanken in den Kopf bringen. – *(Steht auf.)*

Zweiter Auftritt

CONTI, DER PRINZ

DER PRINZ: Guten Morgen, Conti. Wie leben Sie? Was macht die Kunst?

CONTI: Prinz, die Kunst geht nach Brot.

DER PRINZ: Das muss sie nicht; das soll sie nicht, – in meinem kleinen Gebiete gewiss nicht. – Aber der Künstler muss auch arbeiten wollen.

CONTI: Arbeiten? Das ist seine Lust. Nur zu viel arbeiten müssen, kann ihn um den Namen Künstler bringen.

DER PRINZ: Ich meine nicht vieles; sondern viel: ein weniges; aber mit Fleiß. – Sie kommen doch nicht leer, Conti?

CONTI: Ich bringe das Porträt, welches Sie mir befohlen haben, gnädiger Herr. Und bringe noch eines, welches Sie mir nicht befohlen: aber weil es gesehen zu werden verdienet –

DER PRINZ: Jenes ist? – Kann ich mich doch kaum erinnern –

CONTI: Die Gräfin Orsina.

DER PRINZ: Wahr! – Der Auftrag ist nur ein wenig von lange her.

CONTI: Unsere schönen Damen sind nicht alle Tage zum Malen. Die Gräfin hat, seit drei Monaten, gerade Einmal sich entschließen können, zu sitzen.

DER PRINZ: Wo sind die Stücke?

CONTI: In dem Vorzimmer: ich hole sie.

Dritter Auftritt

DER PRINZ

Ihr Bild! – mag! – Ihr Bild, ist sie doch nicht selber. – Und vielleicht find ich in dem Bilde wieder, was ich in der Person nicht mehr erblicke. – Ich will es aber nicht wiederfinden. – Der beschwerliche Maler! Ich glaube gar, sie hat ihn bestochen. – Wär es auch! Wenn ihr ein anderes Bild, das mit andern Farben, auf einen andern Grund gemalet ist, – in meinem Herzen wieder Platz machen will: – Wahrlich, ich glaube, ich wär es zufrieden. Als ich dort liebte, war ich immer so leicht, so fröhlich, so ausgelassen. – Nun bin ich von allem das Gegenteil. – Doch nein; nein, nein! Behäglicher[3], oder nicht behäglicher: ich bin so besser.

Vierter Auftritt

DER PRINZ, CONTI, *mit den Gemälden,*
wovon er das eine verwandt[4] gegen einen Stuhl lehnet

CONTI *(indem er das andere zurecht stellet):* Ich bitte, Prinz, dass Sie die Schranken unserer Kunst erwägen wollen. Vieles von dem Anzüglichsten der Schönheit liegt ganz außer den Grenzen derselben. – Treten Sie so! –

DER PRINZ *(nach einer kurzen Betrachtung):* Vortrefflich, Conti; – ganz vortrefflich! – Das gilt Ihrer Kunst, Ihrem Pinsel. – Aber geschmeichelt, Conti; ganz unendlich geschmeichelt!

CONTI: Das Original schien dieser Meinung nicht zu sein. Auch ist es in der Tat nicht mehr geschmeichelt, als die Kunst schmeicheln muss. Die Kunst muss malen, wie sich die plastische Natur, – wenn es eine gibt – das Bild dachte: ohne den Abfall, welchen der widerstrebende Stoff unvermeidlich macht; ohne das Verderb, mit welchem die Zeit dagegen ankämpfet.

DER PRINZ: Der denkende Künstler, ist noch eins so viel wert. – Aber das Original, sagen Sie, fand dem ungeachtet –

CONTI: Verzeihen Sie, Prinz. Das Original ist eine Person, die meine

---

3 behaglicher, besser
4 abgewandt

Ehrerbietung fodert. Ich habe nichts Nachteiliges von ihr äußern wollen.

DER PRINZ: So viel als Ihnen beliebt! – Und was sagte das Original?

CONTI: Ich bin zufrieden, sagte die Gräfin, wenn ich nicht hässlicher aussehe.

DER PRINZ: Nicht hässlicher? – O das wahre Original!

CONTI: Und mit einer Miene sagte sie das, – von der freilich dieses ihr Bild keine Spur, keinen Verdacht zeiget.

DER PRINZ: Das meint ich ja; das ist es eben, worin ich die unendliche Schmeichelei finde. – O! ich kenne sie, jene stolze höhnische Miene, die auch das Gesicht einer Grazie entstellen würde! – Ich leugne nicht, dass ein schöner Mund, der sich ein wenig spöttisch verzieht, nicht selten um so viel schöner ist. Aber, wohl gemerkt, ein wenig: die Verziehung muss nicht bis zur Grimasse gehen, wie bei dieser Gräfin. Und Augen müssen über den wollüstigen Spötter die Aufsicht führen, – Augen, wie sie die gute Gräfin nun gerade gar nicht hat. Auch nicht einmal hier im Bilde hat.

CONTI: Gnädiger Herr, ich bin äußerst betroffen –

DER PRINZ: Und worüber? Alles, was die Kunst aus den großen, hervorragenden, stieren, starren Medusenaugen[5] der Gräfin Gutes machen kann, das haben Sie, Conti, redlich daraus gemacht. – Redlich, sag ich? – Nicht so redlich, wäre redlicher. Denn sagen Sie selbst, Conti, lässt sich aus diesem Bilde wohl der Charakter der Person schließen? Und das sollte doch. Stolz haben Sie in Würde, Hohn in Lächeln, Ansatz zu trübsinniger Schwärmerei in sanfte Schwermut verwandelt.

CONTI *(etwas ärgerlich):* Ah, mein Prinz, – wir Maler rechnen darauf, dass das fertige Bild den Liebhaber noch eben so warm findet, als warm er es bestellte. Wir malen mit Augen der Liebe: und Augen der Liebe müssten uns auch nur beurteilen.

DER PRINZ: Je nun, Conti; – warum kamen Sie nicht einen Monat früher damit? – Setzen Sie weg. – Was ist das andere Stück?

CONTI *(indem er es holt, und noch verkehrt in der Hand hält):* Auch ein weibliches Porträt.

DER PRINZ: So möcht ich es bald – lieber gar nicht sehen. Denn dem

---

5 Medusa: eine der drei weiblichen Ungeheuer der griech. Mythologie, deren furchtbarer Anblick versteinert

Ideal hier, *(mit dem Finger auf die Stirne)* – oder vielmehr hier, *(mit dem Finger auf das Herz)* kömmt es doch nicht bei. – Ich wünschte, Conti, Ihre Kunst in andern Vorwürfen zu bewundern.

CONTI: Eine bewundernswürdigere Kunst gibt es; aber sicherlich keinen bewundernswürdigern Gegenstand, als diesen.

DER PRINZ: So wett ich, Conti, dass es des Künstlers eigene Gebieterin[6] ist. – *(indem der Maler das Bild umwendet)* Was seh ich? Ihr Werk, Conti? oder das Werk meiner Phantasie? – Emilia Galotti!

CONTI: Wie, mein Prinz? Sie kennen diesen Engel?

DER PRINZ *(indem er sich zu fassen sucht, aber ohne ein Auge von dem Bilde zu verwenden):* So halb! – um sie eben wieder zu kennen. – Es ist einige Wochen her, als ich sie mit ihrer Mutter in einer Vegghia[7] traf. – Nachher ist sie mir nur an heiligen Stätten wieder vorgekommen, – wo das Angaffen sich weniger ziemet. – Auch kenn ich ihren Vater. Er ist mein Freund nicht. Er war es, der sich meinen Ansprüchen auf Sabionetta[8] am meisten widersetzte. – Ein alter Degen; stolz und rau; sonst bieder und gut! –

CONTI: Der Vater! Aber hier haben wir seine Tochter. –

DER PRINZ: Bei Gott! wie aus dem Spiegel gestohlen! *(Noch immer die Augen auf das Bild geheftet.)* O, Sie wissen es ja wohl, Conti, dass man den Künstler dann erst recht lobt, wenn man über sein Werk sein Lob vergisst.

CONTI: Gleichwohl hat mich dieses noch sehr unzufrieden mit mir gelassen. – Und doch bin ich wiederum sehr zufrieden mit meiner Unzufriedenheit mit mir selbst. – Ha! dass wir nicht unmittelbar mit den Augen malen! Auf dem langen Wege, aus dem Auge durch den Arm in den Pinsel, wie viel geht da verloren! – Aber, wie ich sage, dass ich es weiß, was hier verloren gegangen, und wie es verloren gegangen, und warum es verloren gehen müssen: darauf bin ich eben so stolz, und stolzer, als ich auf alles das bin, was ich nicht verloren gehen lassen. Denn aus jenem erkenne ich, mehr als aus diesem, dass ich wirklich ein großer Maler bin; dass es aber meine Hand nur nicht immer ist. – Oder meinen Sie, Prinz, dass Raphael nicht das größte malerische

---

6 hier: Geliebte
7 vornehme Adelsgesellschaft
8 Stammsitz einer Seitenlinie der Gonzaga

Genie gewesen wäre, wenn er unglücklicherweise ohne Hände wäre geboren worden? Meinen Sie, Prinz?

DER PRINZ *(indem er nur eben von dem Bilde wegblickt):* Was sagen Sie, Conti? Was wollen Sie wissen?

CONTI: O nichts, nichts! – Plauderei! Ihre Seele, merk ich, war ganz in Ihren Augen. Ich liebe solche Seelen, und solche Augen.

DER PRINZ *(mit einer erzwungenen Kälte):* Also, Conti, rechnen Sie doch wirklich Emilia Galotti mit zu den vorzüglichsten Schönheiten unserer Stadt?

CONTI: Also? mit? mit zu den vorzüglichsten? und den vorzüglichsten unserer Stadt? – Sie spotten meiner, Prinz. Oder Sie sahen, die ganze Zeit, ebenso wenig, als Sie hörten.

DER PRINZ: Lieber Conti, – *(die Augen wieder auf das Bild gerichtet)* wie darf unsereiner seinen Augen trauen? Eigentlich weiß doch nur allein ein Maler von der Schönheit zu urteilen.

CONTI: Und eines jeden Empfindung sollte erst auf den Ausspruch eines Malers warten? – Ins Kloster mit dem, der es von uns lernen will, was schön ist! Aber das muss ich Ihnen doch als Maler sagen, mein Prinz: eine von den größten Glückseligkeiten meines Lebens ist es, dass Emilia Galotti mir gesessen. Dieser Kopf, dieses Antlitz, diese Stirn, diese Augen, diese Nase, dieser Mund, dieses Kinn, dieser Hals, diese Brust, dieser Wuchs, dieser ganze Bau, sind, von der Zeit an, mein einziges Studium der weiblichen Schönheit. – Die Schilderei[9] selbst, wovor sie gesessen, hat ihr abwesender Vater bekommen. Aber diese Kopie –

DER PRINZ *(der sich schnell gegen ihn kehret):* Nun, Conti, ist doch nicht schon versagt?

CONTI: Ist für Sie, Prinz; wenn Sie Geschmack daran finden.

DER PRINZ: Geschmack! – *(Lächelnd.)* Dieses Ihr Studium der weiblichen Schönheit, Conti, wie könnt ich besser tun, als es auch zu dem meinigen zu machen? – Dort, jenes Porträt nehmen Sie nur wieder mit, – einen Rahmen darum zu bestellen.

CONTI: Wohl!

DER PRINZ: So schön, so reich, als ihn der Schnitzer nur machen kann. Es soll in der Galerie aufgestellt werden. – Aber dieses, bleibt hier. Mit einem Studio macht man so viel Umstände nicht: auch lässt man das nicht aufhängen; sondern hat es gern

---

[9] fertiges Gemälde

bei der Hand. – Ich danke Ihnen, Conti; ich danke Ihnen recht sehr. – Und wie gesagt: in meinem Gebiete soll die Kunst nicht nach Brot gehen; – bis ich selbst keines habe. – Schicken Sie, Conti, zu meinem Schatzmeister, und lassen Sie, auf Ihre Quittung, für beide Porträte sich bezahlen, – was Sie wollen. So viel Sie wollen, Conti.

CONTI: Sollte ich doch nun bald fürchten, Prinz, dass Sie so, noch etwas anders belohnen wollen, als die Kunst.

DER PRINZ: O des eifersüchtigen Künstlers! Nicht doch! – Hören Sie, Conti; so viel Sie wollen. *(Conti geht ab.)*

Fünfter Auftritt

DER PRINZ

So viel er will! – *(Gegen das Bild.)* Dich hab ich für jeden Preis noch zu wohlfeil[10]. – Ah! schönes Werk der Kunst, ist es wahr, dass ich dich besitze? – Wer dich auch besäße, schönres Meisterstück der Natur! – Was Sie dafür wollen, ehrliche Mutter! Was du willst, alter Murrkopf! Fodre nur! Fodert nur! – Am liebsten kauft ich dich, Zauberin, von dir selbst! – Dieses Auge voll Liebreiz und Bescheidenheit! Dieser Mund! und wenn er sich zum Reden öffnet! wenn er lächelt! Dieser Mund! – Ich höre kommen. – Noch bin ich mit dir zu neidisch. *(Indem er das Bild gegen die Wand kehret.)* Es wird Marinelli sein. Hätt ich ihn doch nicht rufen lassen! Was für einen Morgen könnt ich haben!

Sechster Auftritt

MARINELLI, DER PRINZ

MARINELLI: Gnädiger Herr, Sie werden verzeihen. – Ich war mir eines so frühen Befehls nicht gewärtig.

DER PRINZ: Ich bekam Lust, auszufahren. Der Morgen war so schön. – Aber nun ist er ja wohl verstrichen; und die Lust ist mir vergangen. – *(Nach einem kurzen Stillschweigen.)* Was haben wir Neues, Marinelli?

---

10 billig

MARINELLI: Nichts von Belang, das ich wüsste. – Die Gräfin Orsina ist gestern zur Stadt gekommen.

DER PRINZ: Hier liegt auch schon ihr guter Morgen, *(auf ihren Brief zeigend)* oder was es sonst sein mag! Ich bin gar nicht neugierig darauf. – Sie haben Sie gesprochen?

MARINELLI: Bin ich, leider, nicht ihr Vertrauter? – Aber, wenn ich es wieder von einer Dame werde, der es einkömmt, Sie in gutem Ernste zu lieben, Prinz: so – –

DER PRINZ: Nichts verschworen, Marinelli!

MARINELLI: Ja? In der Tat, Prinz? Könnt es doch kommen? – O! so mag die Gräfin auch so Unrecht nicht haben.

DER PRINZ: Allerdings, sehr Unrecht! – Meine nahe Vermählung mit der Prinzessin von Massa, will durchaus, dass ich alle dergleichen Händel[11] fürs Erste abbreche.

MARINELLI: Wenn es nur das wäre: so müsste freilich Orsina sich in ihr Schicksal ebenso wohl zu finden wissen, als der Prinz in seines.

DER PRINZ: Das unstreitig härter ist, als ihres. Mein Herz wird das Opfer eines elenden Staatsinteresse. Ihres darf sie nur zurücknehmen: aber nicht wider Willen verschenken.

MARINELLI: Zurücknehmen? Warum zurücknehmen? fragt die Gräfin: wenn es weiter nichts, als eine Gemahlin ist, die dem Prinzen nicht die Liebe, sondern die Politik zuführet? Neben so einer Gemahlin sieht die Geliebte noch immer ihren Platz. Nicht so einer Gemahlin fürchtet sie aufgeopfert zu sein, sondern – –

DER PRINZ: Einer neuen Geliebten. – Nun denn? Wollten Sie mir daraus ein Verbrechen machen, Marinelli?

MARINELLI: Ich? – O! vermengen Sie mich ja nicht, mein Prinz, mit der Närrin, deren Wort ich führe, – aus Mitleid führe. Denn gestern, wahrlich, hat sie mich sonderbar gerührt. Sie wollte von ihrer Angelegenheit mit Ihnen gar nicht sprechen. Sie wollte sich ganz gelassen und kalt stellen. Aber mitten in dem gleichgültigsten Gespräche, entfuhr ihr eine Wendung, eine Beziehung über die andere, die ihr gefoltertes Herz verriet. Mit dem lustigsten Wesen sagte sie die melancholischsten Dinge: und wiederum die lächerlichsten Possen mit der allertraurigsten

---
11 Angelegenheit

Miene. Sie hat zu den Büchern ihre Zuflucht genommen; und ich fürchte, die werden ihr den Rest geben.

DER PRINZ: So wie sie ihrem armen Verstande auch den ersten Stoß gegeben. – Aber was mich vornehmlich mit von ihr entfernt hat, das wollen Sie doch nicht brauchen, Marinelli, mich wieder zu ihr zurück zu bringen? – Wenn sie aus Liebe närrisch wird, so wäre sie es, früher oder später, auch ohne Liebe geworden – Und nun, genug von ihr. – Von etwas anderm! – Geht denn gar nichts vor, in der Stadt? –

MARINELLI: So gut, wie gar nichts. – Denn dass die Verbindung des Grafen Appiani heute vollzogen wird, – ist nicht viel mehr, als gar nichts.

DER PRINZ: Des Grafen Appiani? und mit wem denn? – Ich soll ja noch hören, dass er versprochen ist.

MARINELLI: Die Sache ist sehr geheim gehalten worden. Auch war nicht viel Aufhebens davon zu machen. – Sie werden lachen, Prinz. – Aber so geht es den Empfindsamen! Die Liebe spielet ihnen immer die schlimmsten Streiche. Ein Mädchen ohne Vermögen und ohne Rang, hat ihn in ihre Schlinge zu ziehen gewusst, – mit ein wenig Larve: aber mit vielem Prunke von Tugend und Gefühl und Witz, – und was weiß ich?

DER PRINZ: Wer sich den Eindrücken, die Unschuld und Schönheit auf ihn machen, ohne weitere Rücksicht, so ganz überlassen darf; – ich dächte, der wär eher zu beneiden, als zu belachen. – Und wie heißt denn die Glückliche? – Denn bei alle dem ist Appiani – ich weiß wohl, dass Sie, Marinelli, ihn nicht leiden können; ebenso wenig als er Sie – bei alle dem ist er doch ein sehr würdiger junger Mann, ein schöner Mann, ein reicher Mann, ein Mann voller Ehre. Ich hätte sehr gewünscht, ihn mir verbinden zu können. Ich werde noch darauf denken.

MARINELLI: Wenn es nicht zu spät ist. – Denn so viel ich höre, ist sein Plan gar nicht, bei Hofe sein Glück zu machen. – Er will mit seiner Gebieterin nach seinen Tälern von Piemont: – Gemsen zu jagen, auf den Alpen; und Murmeltiere abzurichten. – Was kann er Bessres tun? Hier ist es durch das Missbündnis, welches er trifft, mit ihm doch aus. Der Zirkel der ersten Häuser ist ihm von nun an verschlossen ––

DER PRINZ: Mit euern ersten Häusern! – in welchen das Zeremoniell, der Zwang, die Langeweile, und nicht selten die Dürftigkeit herrschet. – Aber so nennen Sie mir sie doch, der er dieses so große Opfer bringt.

MARINELLI: Es ist eine gewisse Emilia Galotti.

DER PRINZ: Wie, Marinelli? eine gewisse –

MARINELLI: Emilia Galotti.

DER PRINZ: Emilia Galotti? – Nimmermehr!

MARINELLI: Zuverlässig, gnädiger Herr.

DER PRINZ: Nein, sag ich; das ist nicht, das kann nicht sein. – Sie irren sich in dem Namen. – Das Geschlecht der Galotti ist groß. – Eine Galotti kann es sein: aber nicht Emilia Galotti; nicht Emilia!

MARINELLI: Emilia – Emilia Galotti!

DER PRINZ: So gibt es noch eine, die beide Namen führt. – Sie sagten ohnedem, eine gewisse Emilia Galotti – eine gewisse. Von der rechten könnte nur ein Narr so sprechen –

MARINELLI: Sie sind außer sich, gnädiger Herr. – Kennen Sie denn diese Emilia?

DER PRINZ: Ich habe zu fragen, Marinelli, nicht Er. – Emilia Galotti? Die Tochter des Obersten Galotti, bei Sabionetta?

MARINELLI: Eben die.

DER PRINZ: Die hier in Guastalla[12] mit ihrer Mutter wohnt?

MARINELLI: Eben die.

DER PRINZ: Unfern der Kirche Allerheiligen?

MARINELLI: Eben die.

DER PRINZ: Mit einem Worte – *(indem er nach dem Porträte springt und es dem Marinelli in die Hand gibt)* Da! – Diese? Diese Emilia Galotti? – Sprich dein verdammtes »Eben die« noch einmal, und stoß mir den Dolch ins Herz!

MARINELLI: Eben die.

DER PRINZ: Henker! – Diese? – Diese Emilia Galotti wird heute ––

MARINELLI: Gräfin Appiani! – *(Hier reißt der Prinz dem Marinelli das Bild wieder aus der Hand, und wirft es beiseite.)* Die Trauung geschieht in der Stille, auf dem Landgute des Vaters bei Sabionetta. Gegen Mittag fahren Mutter und Tochter, der Graf und vielleicht ein paar Freunde dahin ab.

DER PRINZ *(der sich voll Verzweiflung in einen Stuhl wirft):* So bin ich verloren! – So will ich nicht leben!

---

12 Ort in Norditalien am Po gelegen

MARINELLI: Aber was ist Ihnen, gnädiger Herr?

DER PRINZ *(der gegen ihn wieder aufspringt):* Verräter! – was mir ist? – Nun ja ich liebe sie; ich bete sie an. Mögt ihr es doch wissen! mögt ihr es doch längst gewusst haben, alle ihr, denen ich der tollen Orsina schimpfliche Fesseln lieber ewig tragen sollte! – Nur dass Sie, Marinelli, der Sie so oft mich Ihrer innigsten Freundschaft versicherten – O ein Fürst hat keinen Freund! kann keinen Freund haben! – dass Sie, Sie, so treulos, so hämisch mir bis auf diesen Augenblick die Gefahr verhöhlen dürfen, die meiner Liebe drohte: wenn ich Ihnen jemals das vergebe, – so werde mir meiner Sünden keine vergeben!

MARINELLI: Ich weiß kaum Worte zu finden, Prinz, – wenn Sie mich auch dazu kommen ließen – Ihnen mein Erstaunen zu bezeigen. – Sie lieben Emilia Galotti? – Schwur dann gegen Schwur: Wenn ich von dieser Liebe das Geringste gewusst, das Geringste vermutet habe; so möge weder Engel noch Heiliger von mir wissen! – Eben das wollt ich in die Seele der Orsina schwören. Ihr Verdacht schweift auf einer ganz andern Fährte.

DER PRINZ: So verzeihen Sie mir, Marinelli; – *(indem er sich ihm in die Arme wirft)* und betauern Sie mich.

MARINELLI: Nun da, Prinz: Erkennen Sie da die Frucht Ihrer Zurückhaltung! – »Fürsten haben keinen Freund! können keinen Freund haben!« – Und die Ursache, wenn dem so ist? – Weil sie keinen haben wollen. – Heute beehren sie uns mit ihrem Vertrauen, teilen uns ihre geheimsten Wünsche mit, schließen uns ihre ganze Seele auf: und morgen sind wir ihnen wieder so fremd, als hätten sie nie ein Wort mit uns gewechselt.

DER PRINZ: Ach! Marinelli, wie konnt ich Ihnen vertrauen, was ich mir selbst kaum gestehen wollte?

MARINELLI: Und also wohl noch weniger der Urheberin Ihrer Qual gestanden haben?

DER PRINZ: Ihr? – Alle meine Mühe ist vergebens gewesen, sie ein zweites Mal zu sprechen. –

MARINELLI: Und das erste Mal –

DER PRINZ: Sprach ich sie – O, ich komme von Sinnen! Und ich soll Ihnen noch lange erzählen? – Sie sehen mich einen Raub der Wellen: was fragen sie viel, wie ich es geworden? Retten Sie mich, wenn Sie können: und fragen Sie dann.

MARINELLI: Retten? ist da viel zu retten? – Was Sie versäumt haben, gnädiger Herr, der Emilia Galotti zu bekennen, das bekennen Sie nun der Gräfin Appiani. Waren, die man aus der ersten Hand nicht haben kann, kauft man aus der zweiten: – und solche Waren nicht selten aus der zweiten um so viel wohlfeiler.

DER PRINZ: Ernsthaft, Marinelli, ernsthaft, oder –

MARINELLI: Freilich, auch um so viel schlechter ––

DER PRINZ: Sie werden unverschämt!

MARINELLI: Und dazu will der Graf damit aus dem Lande. – Ja, so müsste man auf etwas anders denken. –

DER PRINZ: Und auf was? – Liebster, bester Marinelli, denken Sie für mich. Was würden Sie tun, wenn Sie an meiner Stelle wären?

MARINELLI: Vor allen Dingen, eine Kleinigkeit als eine Kleinigkeit ansehen; – und mir sagen, dass ich nicht vergebens sein wolle, was ich bin – Herr!

DER PRINZ: Schmeicheln Sie mir nicht mit einer Gewalt, von der ich hier keinen Gebrauch absehe. – Heute sagen Sie? schon heute?

MARINELLI: Erst heute – soll es geschehen. Und nur geschehenen Dingen ist nicht zu raten. – *(Nach einer kurzen Überlegung.)* Wollen Sie mir freie Hand lassen, Prinz? Wollen Sie alles genehmigen, was ich tue?

DER PRINZ: Alles, Marinelli, alles, was diesen Streich abwenden kann.

MARINELLI: So lassen Sie uns keine Zeit verlieren. – Aber bleiben Sie nicht in der Stadt. Fahren Sie sogleich nach Ihrem Lustschlosse[13], nach Dosalo[14]. Der Weg nach Sabionetta geht da vorbei. Wenn es mir nicht gelingt, den Grafen augenblicklich zu entfernen: so denk ich – Doch, doch; ich glaube, er geht in diese Falle gewiss. Sie wollen ja, Prinz, wegen Ihrer Vermählung einen Gesandten nach Massa schicken? Lassen Sie den Grafen dieser Gesandte sein; mit dem Bedinge, dass er noch heute abreiset. – Verstehen Sie?

DER PRINZ: Vortrefflich! – Bringen Sie ihn zu mir heraus. Gehen Sie, eilen Sie. Ich werfe mich sogleich in den Wagen. *(Marinelli geht ab.)*

---

13 Landschloss, das dem Vergnügen dient
14 kleiner Ort in der Nähe von Guastalla (Dosolo)

Siebenter Auftritt

DER PRINZ

Sogleich! sogleich! – Wo blieb es? – *(Sich nach dem Porträte umsehend.)* Auf der Erde? das war zu arg! *(Indem er es aufhebt.)* Doch betrachten? betrachten mag ich dich fürs Erste nicht mehr. – Warum sollt ich mir den Pfeil noch tiefer in die Wunde drücken? *(Setzt es beiseite.)* – Geschmachtet, geseufzet hab ich lange genug, – länger als ich gesollt hätte: aber nichts getan! und über die zärtliche Untätigkeit bei einem Haar alles verloren! – Und wenn nun doch alles verloren wäre? Wenn Marinelli nichts ausrichtete? – Warum will ich mich auch auf ihn allein verlassen? Es fällt mir ein, – um diese Stunde, *(nach der Uhr sehend)* um diese nämliche Stunde pflegt das fromme Mädchen alle Morgen bei den Dominikanern[15] die Messe zu hören. – Wie wenn ich sie da zu sprechen suchte? – Doch heute, heut an ihrem Hochzeittage, – heute werden ihr andere Dinge am Herzen liegen, als die Messe. – Indes, wer weiß? – Es ist ein Gang. – *(Er klingelt, und indem er einige von den Papieren auf dem Tische hastig zusammenrafft, tritt der Kammerdiener herein.)* Lasst vorfahren! – Ist noch keiner von den Räten da?

DER KAMMERDIENER: Camillo Rota.

DER PRINZ: Er soll hereinkommen. *(Der Kammerdiener geht ab.)* Nur aufhalten muss er mich nicht wollen. Dasmal nicht! – Ich stehe gern seinen Bedenklichkeiten ein andermal um so viel länger zu Diensten. – Da war ja noch die Bittschrift einer Emilia Bruneschi – *(Sie suchend.)* Die ists. – Aber, gute Bruneschi, wo deine Vorsprecherin – –

Achter Auftritt

CAMILLO ROTA, *Schriften in der Hand.* DER PRINZ

DER PRINZ: Kommen Sie, Rota, kommen Sie. – Hier ist, was ich diesen Morgen erbrochen. Nicht viel Tröstliches! – Sie werden von selbst sehen, was darauf zu verfügen. – Nehmen Sie nur.

CAMILLO ROTA: Gut, gnädiger Herr.

---

15 ein vom heiligen Dominikus gegründeter Mönchsorden aus dem 13. Jh.

DER PRINZ: Noch ist hier eine Bittschrift einer Emilia Galot –– Bruneschi will ich sagen. – Ich habe meine Bewilligung zwar schon beigeschrieben. Aber doch – die Sache ist keine Kleinigkeit – Lassen Sie die Ausfertigung noch anstehen. – Oder auch nicht anstehen: wie Sie wollen.

CAMILLO ROTA: Nicht wie ich will, gnädiger Herr.

DER PRINZ: Was ist sonst? Etwas zu unterschreiben?

CAMILLO ROTA: Ein Todesurteil wäre zu unterschreiben.

DER PRINZ: <u>Recht gern. – Nur her! geschwind.</u>

CAMILLO ROTA (*stutzig und den Prinzen starr ansehend*): Ein Todesurteil, sagt ich.

DER PRINZ: Ich höre ja wohl. – Es könnte schon geschehen sein. Ich bin eilig.

CAMILLO ROTA (*seine Schriften nachsehend*): Nun hab ich es doch wohl nicht mitgenommen! –– Verzeihen Sie, gnädiger Herr. – Es kann Anstand damit haben bis morgen.

DER PRINZ: Auch das! – Packen Sie nur zusammen: ich muss fort – Morgen, Rota, ein mehres! (*Geht ab.*)

CAMILLO ROTA (*den Kopf schüttelnd, indem er die Papiere zu sich nimmt und abgeht*): <u>Recht gern? – Ein Todesurteil recht gern?</u> – Ich hätt es ihn in diesem Augenblicke nicht mögen unterschreiben lassen, und wenn es den Mörder meines einzigen Sohnes betroffen hätte. – Recht gern! recht gern! – Es geht mir durch die Seele dieses grässliche Recht gern!

> Der Prinz ist verrückt geworden, durch die Liebe, dass er verantwortungslos umgeht mit seinen Untertanen (oder Volk)

Zweiter Aufzug

(Die Szene: ein Saal in dem Hause der Galotti)

Erster Auftritt

CLAUDIA GALOTTI. PIRRO

CLAUDIA *(im Heraustreten zu Pirro, der von der andern Seite hereintritt):* Wer sprengte da in den Hof?
PIRRO: Unser Herr, gnädige Frau.
CLAUDIA: Mein Gemahl? Ist es möglich?
PIRRO: Er folgt mir auf dem Fuße.
CLAUDIA: So unvermutet? – *(Ihm entgegeneilend.)* Ah! mein Bester! –

Zweiter Auftritt

ODOARDO GALOTTI *und* DIE VORIGEN

ODOARDO: Guten Morgen, meine Liebe! – Nicht wahr, das heißt überraschen?
CLAUDIA: Und auf die angenehmste Art! – Wenn es anders nur eine Überraschung sein soll.
ODOARDO: Nichts weiter! Sei unbesorgt. – Das Glück des heutigen Tages weckte mich so früh; der Morgen war so schön; der Weg ist so kurz; ich vermutete euch hier so geschäftig – Wie leicht vergessen sie etwas: fiel mir ein. – Mit einem Worte: ich komme, und sehe, und kehre sogleich wieder zurück. – Wo ist Emilia? Unstreitig beschäftigt mit dem Putze? –
CLAUDIA: Ihrer Seele! – Sie ist in der Messe. – Ich habe heute, mehr als jeden andern Tag, Gnade von oben zu erflehen, sagte sie, und ließ alles liegen, und nahm ihren Schleier, und eilte –
ODOARDO: Ganz allein?
CLAUDIA: Die wenigen Schritte ––
ODOARDO: Einer ist genug zu einem Fehltritt! –
CLAUDIA: Zürnen Sie nicht, mein Bester; und kommen Sie herein, – einen Augenblick auszuruhen, und, wann Sie wollen, eine Erfrischung zu nehmen.

DER PRINZ: Noch ist hier eine Bittschrift einer Emilia Galot —— Bruneschi will ich sagen. – Ich habe meine Bewilligung zwar schon beigeschrieben. Aber doch – die Sache ist keine Kleinigkeit – Lassen Sie die Ausfertigung noch anstehen. – Oder auch nicht anstehen: wie Sie wollen.

CAMILLO ROTA: Nicht wie ich will, gnädiger Herr.

DER PRINZ: Was ist sonst? Etwas zu unterschreiben?

CAMILLO ROTA: Ein Todesurteil wäre zu unterschreiben.

DER PRINZ: Recht gern. – Nur her! geschwind.

CAMILLO ROTA *(stutzig und den Prinzen starr ansehend):* Ein Todesurteil, sagt ich.

DER PRINZ: Ich höre ja wohl. – Es könnte schon geschehen sein. Ich bin eilig.

CAMILLO ROTA *(seine Schriften nachsehend):* Nun hab ich es doch wohl nicht mitgenommen! —— Verzeihen Sie, gnädiger Herr. – Es kann Anstand damit haben bis morgen.

DER PRINZ: Auch das! – Packen Sie nur zusammen: ich muss fort – Morgen, Rota, ein mehres! *(Geht ab.)*

CAMILLO ROTA *(den Kopf schüttelnd, indem er die Papiere zu sich nimmt und abgeht):* Recht gern? – Ein Todesurteil recht gern? – Ich hätt es ihn in diesem Augenblicke nicht mögen unterschreiben lassen, und wenn es den Mörder meines einzigen Sohnes betroffen hätte. – Recht gern! recht gern! – Es geht mir durch die Seele dieses grässliche Recht gern!

Zweiter Aufzug

(Die Szene: ein Saal in dem Hause der Galotti)

Erster Auftritt

CLAUDIA GALOTTI. PIRRO

CLAUDIA *(im Heraustreten zu Pirro, der von der andern Seite hereintritt):* Wer sprengte da in den Hof?
PIRRO: Unser Herr, gnädige Frau.
CLAUDIA: Mein Gemahl? Ist es möglich?
PIRRO: Er folgt mir auf dem Fuße.
CLAUDIA: So unvermutet? – *(Ihm entgegeneilend.)* Ah! mein Bester! –

Zweiter Auftritt

ODOARDO GALOTTI *und* DIE VORIGEN

ODOARDO: Guten Morgen, meine Liebe! – Nicht wahr, das heißt überraschen?
CLAUDIA: Und auf die angenehmste Art! – Wenn es anders nur eine Überraschung sein soll.
ODOARDO: Nichts weiter! Sei unbesorgt. – Das Glück des heutigen Tages weckte mich so früh; der Morgen war so schön; der Weg ist so kurz; ich vermutete euch hier so geschäftig – Wie leicht vergessen sie etwas: fiel mir ein. – Mit einem Worte: ich komme, und sehe, und kehre sogleich wieder zurück. – Wo ist Emilia? Unstreitig beschäftigt mit dem Putze? –
CLAUDIA: Ihrer Seele! – Sie ist in der Messe. – Ich habe heute, mehr als jeden andern Tag, Gnade von oben zu erflehen, sagte sie, und ließ alles liegen, und nahm ihren Schleier, und eilte –
ODOARDO: Ganz allein?
CLAUDIA: Die wenigen Schritte ––
ODOARDO: Einer ist genug zu einem Fehltritt! –
CLAUDIA: Zürnen Sie nicht, mein Bester; und kommen Sie herein, – einen Augenblick auszuruhen, und, wann Sie wollen, eine Erfrischung zu nehmen.

ODOARDO: Wie du meinest, Claudia. – Aber sie sollte nicht allein gegangen sein. –
CLAUDIA: Und Ihr, Pirro, bleibt hier in dem Vorzimmer, alle Besuche auf heute zu verbitten.

Dritter Auftritt

PIRRO *und bald darauf* ANGELO

PIRRO: Die sich nur aus Neugierde melden lassen. – Was bin ich seit einer Stunde nicht alles ausgefragt worden! – Und wer kömmt da?
ANGELO *(noch halb hinter der Szene, in einem kurzen Mantel, den er über das Gesicht gezogen, den Hut in die Stirne)*: Pirro! – Pirro!
PIRRO: Ein Bekannter? – *(Indem Angelo vollends hereintritt und den Mantel auseinander schlägt.)* Himmel! Angelo? – Du?
ANGELO: Wie du siehst. – Ich bin lange genug um das Haus herumgegangen, dich zu sprechen. – Auf ein Wort! –
PIRRO: Und du wagst es, wieder ans Licht zu kommen? – Du bist seit deiner letzten Mordtat vogelfrei erkläret; auf deinen Kopf steht eine Belohnung –
ANGELO: Die doch du nicht wirst verdienen wollen? –
PIRRO: Was willst du? Ich bitte dich, mache mich nicht unglücklich.
ANGELO: Damit etwa? *(Ihm einen Beutel mit Gelde zeigend.)* – Nimm! Es gehöret dir!
PIRRO: Mir?
ANGELO: Hast du vergessen? Der Deutsche, dein voriger Herr, – –
PIRRO: Schweig davon!
ANGELO: Den du uns, auf dem Wege nach Pisa, in die Falle führtest –
PIRRO: Wenn uns jemand hörte!
ANGELO: Hatte ja die Güte, uns auch einen kostbaren Ring zu hinterlassen. – Weißt du nicht? – Er war zu kostbar, der Ring, als dass wir ihn sogleich ohne Verdacht hätten zu Gelde machen können. Endlich ist mir es damit gelungen. Ich habe hundert Pistolen[16] dafür erhalten: und das ist dein Anteil. Nimm!

---

16 spanische Goldmünzen

PIRRO: Ich mag nichts, – behalt alles.

ANGELO: Meinetwegen! – wenn es dir gleich viel ist, wie hoch du deinen Kopf feil trägst – *(Als ob er den Beutel wieder einstecken wollte.)*

PIRRO: So gib nur! *(Nimmt ihn.)* – Und was nun? Denn dass du bloß deswegen mich aufgesucht haben solltest – –

ANGELO: Das kömmt dir nicht so recht glaublich vor? – Halunke! Was denkst du von uns? – dass wir fähig sind, jemand seinen Verdienst vorzuenthalten? Das mag unter den so genannten ehrlichen Leuten Mode sein: unter uns nicht. – Leb wohl! – *(Tut als ob er gehen wollte, und kehrt wieder um.)* Eins muss ich doch fragen. – Da kam ja der alte Galotti so ganz allein in die Stadt gesprengt. Was will der?

PIRRO: Nichts will er: ein bloßer Spazierritt. Seine Tochter wird, heut Abend, auf dem Gute, von dem er herkömmt, dem Grafen Appiani angetrauet. Er kann die Zeit nicht erwarten –

ANGELO: Und reitet bald wieder hinaus?

PIRRO: So bald, dass er dich hier trifft, wo du noch lange verziehest. – Aber du hast doch keinen Anschlag auf ihn? Nimm dich in Acht. Er ist ein Mann –

ANGELO: Kenn ich ihn nicht? Hab ich nicht unter ihm gedient? – Wenn darum bei ihm nur viel zu holen wäre! – Wenn fahren die junge Leute nach?

PIRRO: Gegen Mittag.

ANGELO: Mit viel Begleitung?

PIRRO: In einem einzigen Wagen: die Mutter, die Tochter und der Graf. Ein Paar Freunde kommen aus Sabionetta als Zeugen.

ANGELO: Und Bediente?

PIRRO: Nur zwei; außer mir, der ich zu Pferde vorauf reiten soll.

ANGELO: Das ist gut. – Noch eins: wessen ist die Equipage[17]? Ist es eure? oder des Grafen?

PIRRO: Des Grafen.

ANGELO: Schlimm! Da ist noch ein Vorreiter, außer einem handfesten Kutscher. Doch! –

PIRRO: Ich erstaune. Aber was willst du? – Das bisschen Schmuck, das die Braut etwa haben dürfte, wird schwerlich der Mühe lohnen –

---

[17] herrschaftliche Reisekutsche

ANGELO: So lohnt ihrer die Braut selbst!

PIRRO: Und auch bei diesem Verbrechen soll ich dein Mitschuldiger sein?

ANGELO: Du reitest vorauf. Reite doch, reite! und kehre dich an nichts!

PIRRO: Nimmermehr!

ANGELO: Wie? ich glaube gar, du willst den Gewissenhaften spielen. – Bursche! ich denke, du kennst mich. – Wo du plauderst! Wo sich ein einziger Umstand anders findet, als du mir ihn angegeben! –

PIRRO: Aber, Angelo, um des Himmels willen! –

ANGELO: Tu, was du nicht lassen kannst! *(Geht ab.)*

PIRRO: Ha! Lass dich den Teufel bei Einem Haare fassen; und du bist sein auf ewig! Ich Unglücklicher!

Vierter Auftritt

ODOARDO *und* CLAUDIA GALOTTI. PIRRO

ODOARDO: Sie bleibt mir zu lang aus –

CLAUDIA: Noch einen Augenblick, Odoardo! Es würde sie schmerzen, deines Anblicks so zu verfehlen.

ODOARDO: Ich muss auch bei dem Grafen noch einsprechen. Kaum kann ichs erwarten, diesen würdigen jungen Mann meinen Sohn zu nennen. Alles entzückt mich an ihm. Und vor allem der Entschluss, in seinen väterlichen Tälern sich selbst zu leben.

CLAUDIA: Das Herz bricht mir, wenn ich hieran gedenke. – So ganz sollen wir sie verlieren, diese einzige geliebte Tochter?

ODOARDO: Was nennst du, sie verlieren? Sie in den Armen der Liebe zu wissen? Vermenge dein Vergnügen an ihr, nicht mit ihrem Glücke. – Du möchtest meinen alten Argwohn erneuern: – dass es mehr das Geräusch und die Zerstreuung der Welt, mehr die Nähe des Hofes war, als die Notwendigkeit, unserer Tochter eine anständige Erziehung zu geben, was dich bewog, hier in der Stadt mit ihr zu bleiben; – fern von einem Manne und Vater, der euch so herzlich liebet.

CLAUDIA: Wie ungerecht, Odoardo! Aber lass mich heute nur ein einziges für diese Stadt, für diese Nähe des Hofes sprechen, die deiner strengen Tugend so verhasst sind. – Hier, nur hier konnte die Liebe zusammenbringen, was für einander geschaffen war. Hier nur konnte der Graf Emilien finden; und fand sie.

ODOARDO: Das räum ich ein. Aber, gute Claudia, hattest du darum Recht, weil dir der Ausgang Recht gibt? – Gut, dass es mit dieser Stadterziehung so abgelaufen! Lasst uns nicht weise sein wollen, wo wir nichts, als glücklich gewesen! Gut, dass es so damit abgelaufen! – Nun haben sie sich gefunden, die für einander bestimmt waren: nun lass sie ziehen, wohin Unschuld und Ruhe sie rufen. – Was sollte der Graf hier? Sich bücken, schmeicheln und kriechen, und die Marinellis auszustechen suchen? um endlich ein Glück zu machen, dessen er nicht bedarf? um endlich einer Ehre gewürdiget zu werden, die für ihn keine wäre? – Pirro!

PIRRO: Hier bin ich.

ODOARDO: Geh und führe mein Pferd vor das Haus des Grafen. Ich komme nach, und will mich da wieder aufsetzen. *(Pirro geht.)* – Warum soll der Graf hier dienen, wenn er dort selbst befehlen kann? – Dazu bedenkst du nicht, Claudia, dass durch unsere Tochter er es vollends mit dem Prinzen verderbt. Der Prinz hasst mich –

CLAUDIA: Vielleicht weniger, als du besorgest.

ODOARDO: Besorgest! Ich besorg auch so was!

CLAUDIA: Denn hab ich dir schon gesagt, dass der Prinz unsere Tochter gesehen hat?

ODOARDO: Der Prinz? Und wo das?

CLAUDIA: In der letzten Vegghia, bei dem Kanzler Grimaldi, die er mit seiner Gegenwart beehrte. Er bezeigte sich gegen sie so gnädig – –

ODOARDO: So gnädig?

CLAUDIA: Er unterhielt sich mit ihr so lange – –

ODOARDO: Unterhielt sich mit ihr?

CLAUDIA: Schien von ihrer Munterkeit und ihrem Witze so bezaubert – –

ODOARDO: So bezaubert? –

CLAUDIA: Hat von ihrer Schönheit mit so vielen Lobeserhebungen gesprochen – –

ODOARDO: Lobeserhebungen? Und das alles erzählst du mir in einem Tone der Entzückung? O Claudia! eitle, törichte Mutter!

CLAUDIA: Wieso?

ODOARDO: Nun gut, nun gut! Auch das ist so abgelaufen. – Ha! wenn ich mir einbilde – Das gerade wäre der Ort, wo ich am tödlichsten zu verwunden bin! – Ein Wollüstling, der bewundert, begehrt. – Claudia! Claudia! der bloße Gedanke setzt mich in Wut. – Du hättest mir das sogleich sollen gemeldet haben. – Doch, ich möchte dir heute nicht gern etwas Unangenehmes sagen. Und ich würde, *(indem sie ihn bei der Hand ergreift)* wenn ich länger bliebe. – Drum lass mich! lass mich! – Gott befohlen, Claudia! – Kommt glücklich nach!

Fünfter Auftritt

CLAUDIA GALOTTI

Welch ein Mann! – O, der rauen Tugend! – wenn anders sie diesen Namen verdienet. – Alles scheint ihr verdächtig, alles strafbar! – Oder, wenn das die Menschen kennen heißt: – wer sollte sich wünschen, sie zu kennen? – Wo bleibt aber auch Emilia? – Er ist des Vaters Feind: folglich – folglich, wenn er ein Auge für die Tochter hat, so ist es einzig, um ihn zu beschimpfen? –

Sechster Auftritt

EMILIA *und* CLAUDIA GALOTTI

EMILIA *(stürzet in einer ängstlichen Verwirrung herein):* Wohl mir! wohl mir! Nun bin ich in Sicherheit. Oder ist er mir gar gefolgt? *(Indem sie den Schleier zurückwirft und ihre Mutter erblicket.)* Ist er, meine Mutter? ist er? – Nein, dem Himmel sei Dank!

CLAUDIA: Was ist dir, meine Tochter? was ist dir?

EMILIA: Nichts, nichts –

CLAUDIA: Und blickest so wild um dich? Und zitterst an jedem Gliede?

EMILIA: Was hab ich hören müssen? Und wo, wo hab ich es hören müssen?

CLAUDIA: Ich habe dich in der Kirche geglaubt –

EMILIA: Eben da! Was ist dem Laster Kirch und Altar? – Ah, meine Mutter! *(Sich ihr in die Arme werfend.)*

CLAUDIA: Rede, meine Tochter! – Mach meiner Furcht ein Ende. – Was kann dir da, an heiliger Stätte, so Schlimmes begegnet sein?
EMILIA: Nie hätte meine Andacht inniger, brünstiger sein sollen, als heute: nie ist sie weniger gewesen, was sie sein sollte.
CLAUDIA: Wir sind Menschen, Emilia. Die Gabe zu beten ist nicht immer in unserer Gewalt. Dem Himmel ist beten wollen, auch beten.
EMILIA: Und sündigen wollen, auch sündigen.
CLAUDIA: Das hat meine Emilia nicht wollen!
EMILIA: Nein, meine Mutter; so tief ließ mich die Gnade nicht sinken. – Aber dass fremdes Laster uns, wider unsern Willen, zu Mitschuldigen machen kann!
CLAUDIA: Fasse dich! – Sammle deine Gedanken, soviel dir möglich. – Sag es mir mit eins, was dir geschehen.
EMILIA: Eben hatt ich mich – weiter von dem Altare, als ich sonst pflege, – denn ich kam zu spät – auf meine Knie gelassen. Eben fing ich an, mein Herz zu erheben: als dicht hinter mir etwas seinen Platz nahm. So dicht hinter mir! – Ich konnte weder vor, noch zur Seite rücken, – so gern ich auch wollte; aus Furcht, dass eines andern Andacht mich in meiner stören möchte. – Andacht! das war das Schlimmste, was ich besorgte. – Aber es währte nicht lange, so hört ich, ganz nah an meinem Ohre, – nach einem tiefen Seufzer, – nicht den Namen einer Heiligen, – den Namen, – zürnen Sie nicht, meine Mutter – den Namen Ihrer Tochter! – Meinen Namen! – O dass laute Donner mich verhindert hätten, mehr zu hören! – Es sprach von Schönheit, von Liebe – Es klagte, dass dieser Tag, welcher mein Glück mache, – wenn er es anders mache – sein Unglück auf immer entscheide. – Es beschwor mich – hören musst ich dies alles. Aber ich blickte nicht um; ich wollte tun, als ob ich es nicht hörte. – Was konnt ich sonst? – Meinen guten Engel bitten, mich mit Taubheit zu schlagen; und wann auch, wann auch auf immer! – Das bat ich; das war das Einzige, was ich beten konnte. – Endlich ward es Zeit, mich wieder zu erheben. Das heilige Amt[18] ging zu Ende. Ich zitterte, mich umzukehren. Ich zitterte, ihn zu erblicken, der sich den Frevel erlauben dürfen. Und da ich mich umwandte, da ich ihn erblickte –

---

18 heilige Messe

CLAUDIA: Wen, meine Tochter?
EMILIA: Raten Sie, meine Mutter; raten Sie – Ich glaubte in die Erde zu sinken – Ihn selbst.
CLAUDIA: Wen, ihn selbst?
EMILIA: Den Prinzen.
CLAUDIA: Den Prinzen! – O gesegnet sei die Ungeduld deines Vaters, der eben hier war, und dich nicht erwarten wollte!
EMILIA: Mein Vater hier? – und wollte mich nicht erwarten?
CLAUDIA: Wenn du in deiner Verwirrung auch ihn das hättest hören lassen!
EMILIA: Nun, meine Mutter? – Was hätt er an mir Strafbares finden können?
CLAUDIA: Nichts; ebenso wenig, als an mir. Und doch, doch – Ha, du kennst deinen Vater nicht! In seinem Zorne hätt er den unschuldigen Gegenstand des Verbrechens mit dem Verbrecher verwechselt. In seiner Wut hätt ich ihm geschienen, das veranlasst zu haben, was ich weder verhindern, noch vorhersehen können. – Aber weiter, meine Tochter, weiter! Als du den Prinzen erkanntest – Ich will hoffen, dass du deiner mächtig genug warest, ihm in Einem Blicke alle die Verachtung zu bezeigen, die er verdienet.
EMILIA: Das war ich nicht, meine Mutter! Nach dem Blicke, mit dem ich ihn erkannte, hatt ich nicht das Herz, einen zweiten auf ihn zu richten. Ich floh –
CLAUDIA: Und der Prinz dir nach –
EMILIA: Was ich nicht wusste, bis ich in der Halle mich bei der Hand ergriffen fühlte. Und von ihm! Aus Scham musst ich standhalten: mich von ihm loszuwinden, würde die Vorbeigehenden zu aufmerksam auf uns gemacht haben. Das war die einzige Überlegung, deren ich fähig war – oder deren ich nun mich wieder erinnere. Er sprach; und ich hab ihm geantwortet. Aber was er sprach, was ich ihm geantwortet; – fällt mir es noch bei, so ist es gut, so will ich es Ihnen sagen, meine Mutter. Itzt weiß ich von dem allen nichts. Meine Sinne hatten mich verlassen. – Umsonst denk ich nach, wie ich von ihm weg, und aus der Halle gekommen. Ich finde mich erst auf der Straße wieder; und höre ihn hinter mir herkommen; und höre ihn mit mir zugleich in das Haus treten, mit mir die Treppe hinaufsteigen ––

CLAUDIA: Die Furcht hat ihren besondern Sinn, meine Tochter! – Ich werde es nie vergessen, mit welcher Gebärde du hereinstürztest. – Nein, so weit durfte er nicht wagen, dir zu folgen. – Gott! Gott! wenn dein Vater das wüsste! – Wie wild er schon war, als er nur hörte, dass der Prinz dich jüngst nicht ohne Missfallen gesehen! – Indes, sei ruhig, meine Tochter! Nimm es für einen Traum, was dir begegnet ist. Auch wird es noch weniger Folgen haben, als ein Traum. Du entgehest heute mit eins allen Nachstellungen.

EMILIA: Aber nicht, meine Mutter? Der Graf muss das wissen. Ihm muss ich es sagen.

CLAUDIA: Um alle Welt nicht! – Wozu? warum? Willst du für nichts, und wieder für nichts ihn unruhig machen? Und wann er es auch itzt nicht würde: wisse, mein Kind, dass ein Gift, welches nicht gleich wirket, darum kein minder gefährliches Gift ist. Was auf den Liebhaber keinen Eindruck macht, kann ihn auf den Gemahl machen. Den Liebhaber könnt es sogar schmeicheln, einem so wichtigen Mitbewerber den Rang abzulaufen. Aber wenn er ihm den nun einmal abgelaufen hat: ah, mein Kind, – so wird aus dem Liebhaber oft ein ganz anderes Geschöpf. Dein gutes Gestirn behüte dich vor dieser Erfahrung.

EMILIA: Sie wissen, meine Mutter, wie gern ich Ihren bessern Einsichten mich in allem unterwerfe. – Aber, wenn er es von einem andern erführe, dass der Prinz mich heute gesprochen? Würde mein Verschweigen nicht, früh oder spät, seine Unruhe vermehren? – Ich dächte doch, ich behielte lieber vor ihm nichts auf dem Herzen.

CLAUDIA: Schwachheit! verliebte Schwachheit! – Nein, durchaus nicht, meine Tochter! Sag ihm nichts. Lass ihn nichts merken!

EMILIA: Nun ja, meine Mutter! Ich habe keinen Willen gegen den Ihrigen. – Aha! *(Mit einem tiefen Atemzuge.)* Auch wird mir wieder ganz leicht. – Was für ein albernes, furchtsames Ding ich bin! – Nicht, meine Mutter? – Ich hätte mich noch wohl anders dabei nehmen können, und würde mir ebenso wenig vergeben haben.

CLAUDIA: Ich wollte dir das nicht sagen, meine Tochter, bevor dir es dein eigner gesunder Verstand sagte. Und ich wusste, er würde dir es sagen, sobald du wieder zu dir selbst gekommen. – Der Prinz ist galant. Du bist die unbedeutende Sprache der Galanterie zu wenig gewohnt. Eine Höflichkeit wird in ihr zur Empfindung; eine Schmeichelei zur Beteuerung; ein Einfall zum Wunsche; ein Wunsch zum Vorsatze. Nichts klingt in dieser Sprache wie alles: und alles ist in ihr so viel als nichts.

EMILIA: O meine Mutter! – so müsste ich mir mit meiner Furcht vollends lächerlich vorkommen! – Nun soll er gewiss nichts davon erfahren, mein guter Appiani! Er könnte mich leicht für mehr eitel, als tugendhaft, halten. – Hui! dass er da selbst kömmt! Es ist sein Gang.

Siebenter Auftritt

GRAF APPIANI. DIE VORIGEN

APPIANI *(tritt tiefsinnig, mit vor sich hingeschlagnen Augen herein, und kömmt ihnen näher, ohne sie zu erblicken; bis Emilia ihm entgegenspringt):* Ah, meine Teuerste! – Ich war mir Sie in dem Vorzimmer nicht vermutend.

EMILIA: Ich wünschte Sie heiter, Herr Graf, auch wo Sie mich nicht vermuten. – So feierlich? so ernsthaft? – Ist dieser Tag keiner freudigern Aufwallung wert?

APPIANI: Er ist mehr wert, als mein ganzes Leben. Aber schwanger mit so viel Glückseligkeit für mich, – mag es wohl diese Glückseligkeit selbst sein, die mich so ernst, die mich, wie Sie es nennen, mein Fräulein, so feierlich macht. – *(Indem er die Mutter erblickt.)* Ha! auch Sie hier, meine gnädige Frau! – nun bald mir mit einem innigern Namen zu verehrende!

CLAUDIA: Der mein größter Stolz sein wird! – Wie glücklich bist du, meine Emilia! – Warum hat dein Vater unsere Entzückung nicht teilen wollen?

APPIANI: Eben hab ich mich aus seinen Armen gerissen: – oder vielmehr er, sich aus meinen. – Welch ein Mann, meine Emilia, Ihr Vater! Das Muster aller männlichen Tugend! Zu was für Gesinnungen erhebt sich meine Seele in seiner Gegenwart! Nie ist mein Entschluss immer gut, immer edel zu sein, lebendiger, als wenn ich ihn sehe – wenn ich ihn mir denke. Und womit sonst, als mit der Erfüllung dieses Entschlusses kann ich mich der Ehre würdig machen, sein Sohn zu heißen; – der Ihrige zu sein, meine Emilia?

EMILIA: Und er wollte mich nicht erwarten!

APPIANI: Ich urteile, weil ihn seine Emilia, für diesen augenblicklichen Besuch, zu sehr erschüttert, zu sehr sich seiner ganzen Seele bemächtigt hätte.

CLAUDIA: Er glaubte dich mit deinem Brautschmucke beschäftigt zu finden: und hörte –

APPIANI: Was ich mit der zärtlichsten Bewunderung wieder von ihm gehört habe. – So recht, meine Emilia! Ich werde eine fromme Frau an Ihnen haben; und die nicht stolz auf ihre Frömmigkeit ist.

CLAUDIA: Aber, meine Kinder, eines tun, und das andere nicht lassen! – Nun ist es hohe Zeit; nun mach, Emilia!

APPIANI: Was? meine gnädige Frau.

CLAUDIA: Sie wollen sie doch nicht so, Herr Graf, so wie sie da ist, zum Altare führen?

APPIANI: Wahrlich, das werd ich nun erst gewahr. – Wer kann Sie sehen, Emilia, und auch auf Ihren Putz achten? – Und warum nicht so, so wie sie da ist?

EMILIA: Nein, mein lieber Graf, nicht so; nicht ganz so. Aber auch nicht viel prächtiger; nicht viel. – Husch, husch, und ich bin fertig! – Nichts, gar nichts von dem Geschmeide, dem letzten Geschenke Ihrer verschwenderischen Großmut! Nichts, gar nichts, was sich nur zu solchem Geschmeide schickte! – Ich könnte ihm gram sein, diesem Geschmeide, wenn es nicht von Ihnen wäre. – Denn dreimal hat mir von ihm geträumet –

CLAUDIA: Nun! davon weiß ich ja nichts.

EMILIA: Als ob ich es trüge, und als ob plötzlich sich jeder Stein desselben in eine Perle verwandle. – Perlen aber, meine Mutter, Perlen bedeuten Tränen. *Vorahnung auf Unglück*

CLAUDIA: Kind! Die Bedeutung ist träumerischer, als der Traum. – Warest du nicht von je her eine größere Liebhaberin von Perlen, als von Steinen? –

EMILIA: Freilich, meine Mutter, freilich –

APPIANI *(nachdenkend und schwermütig):* Bedeuten Tränen – bedeuten Tränen!

EMILIA: Wie? Ihnen fällt das auf? Ihnen?

APPIANI: Jawohl; ich sollte mich schämen. – Aber, wenn die Einbildungskraft einmal zu traurigen Bildern gestimmt ist –

EMILIA: Warum ist sie das auch? – Und was meinen Sie, das ich mir ausgedacht habe? – Was trug ich, wie sah ich, als ich Ihnen zuerst gefiel? – Wissen Sie es noch?

APPIANI: Ob ich es noch weiß? Ich sehe Sie in Gedanken nie anders, als so; und sehe Sie so, auch wenn ich Sie nicht so sehe.

EMILIA: Also, ein Kleid von der nämlichen Farbe, von dem nämlichen Schnitte; fliegend und frei –

APPIANI: Vortrefflich!

EMILIA: Und das Haar –

APPIANI: In seinem eignen braunen Glanze; in Locken, wie sie die Natur schlug –

EMILIA: Die Rose darin nicht zu vergessen! Recht! recht! – Eine kleine Geduld, und ich stehe so vor Ihnen da!

Achter Auftritt

GRAF APPIANI. CLAUDIA GALOTTI

APPIANI *(indem er ihr mit einer niedergeschlagnen Miene nachsieht):* Perlen bedeuten Tränen! – Eine kleine Geduld! – Ja, wenn die Zeit nur außer uns wäre! – Wenn eine Minute am Zeiger, sich in uns nicht in Jahre ausdehnen könnte! –

CLAUDIA: Emiliens Beobachtung, Herr Graf, war so schnell, als richtig. Sie sind heut ernster als gewöhnlich. Nur noch einen Schritt von dem Ziele Ihrer Wünsche, – sollt es Sie reuen, Herr Graf, dass es das Ziel Ihrer Wünsche gewesen?

APPIANI: Ah, meine Mutter, und Sie können das von Ihrem Sohne argwohnen? – Aber, es ist wahr; ich bin heut ungewöhnlich trübe und finster. – Nur sehen Sie, gnädige Frau; – noch Einen Schritt vom Ziele, oder noch gar nicht ausgelaufen sein, ist im Grunde eines. – Alles was ich sehe, alles was ich höre, alles was ich träume, prediget mir seit gestern und ehegestern[19] diese Wahrheit. Dieser Eine Gedanke kettet sich an jeden andern, den ich haben muss und haben will. – Was ist das? Ich versteh es nicht. –

CLAUDIA: Sie machen mich unruhig, Herr Graf –

---

[19] vorgestern

APPIANI: Eines kömmt dann zum andern! – Ich bin ärgerlich; ärgerlich über meine Freunde, über mich selbst –
CLAUDIA: Wieso?
APPIANI: Meine Freunde verlangen schlechterdings, dass ich dem Prinzen von meiner Heirat ein Wort sagen soll, ehe ich sie vollziehe. Sie geben mir zu, ich sei es nicht schuldig: aber die Achtung gegen ihn woll es nicht anders. – Und ich bin schwach genug gewesen, es ihnen zu versprechen. Eben wollt ich noch bei ihm vorfahren.
CLAUDIA *(stutzig):* Bei dem Prinzen?

Neunter Auftritt

PIRRO, *gleich darauf* MARINELLI, *und* DIE VORIGEN

PIRRO: Gnädige Frau, der Marchese Marinelli hält vor dem Hause, und erkundiget sich nach dem Herrn Grafen.
APPIANI: Nach mir?
PIRRO: Hier ist er schon. *(Öffnet ihm die Türe und geht ab.)*
MARINELLI: Ich bitt um Verzeihung, gnädige Frau. – Mein Herr Graf, ich war vor Ihrem Hause, und erfuhr, dass ich Sie hier treffen würde. Ich hab ein dringendes Geschäft an Sie – Gnädige Frau, ich bitte nochmals um Verzeihung; es ist in einigen Minuten geschehen.
CLAUDIA: Die ich nicht verzögern will. *(Macht ihm eine Verbeugung und geht ab.)*

Zehnter Auftritt

MARINELLI. APPIANI

APPIANI: Nun, mein Herr?
MARINELLI: Ich komme von des Prinzen Durchlaucht.
APPIANI: Was ist zu seinem Befehl?
MARINELLI: Ich bin stolz, der Überbringer einer so vorzüglichen Gnade zu sein. – Und wenn Graf Appiani nicht mit Gewalt einen seiner ergebensten Freunde in mir verkennen will ––
APPIANI: Ohne weitere Vorrede; wenn ich bitten darf.

MARINELLI: Auch das! – Der Prinz muss sogleich an den Herzog von Massa, in Angelegenheit seiner Vermählung mit dessen Prinzessin Tochter, einen Bevollmächtigten senden. Er war lange unschlüssig, wen er dazu ernennen solle. Endlich ist seine Wahl, Herr Graf, auf Sie gefallen.

APPIANI: Auf mich?

MARINELLI: Und das, – wenn die Freundschaft ruhmredig[20] sein darf – nicht ohne mein Zutun –

APPIANI: Wahrlich, Sie setzen mich wegen eines Dankes in Verlegenheit. – Ich habe schon längst nicht mehr erwartet, dass der Prinz mich zu brauchen geruhen werde. –

MARINELLI: Ich bin versichert, dass es ihm bloß an einer würdigen Gelegenheit gemangelt hat. Und wenn auch diese so eines Mannes, wie Graf Appiani, noch nicht würdig genug sein sollte: so ist freilich meine Freundschaft zu voreilig gewesen.

APPIANI: Freundschaft und Freundschaft, um das dritte Wort! – Mit wem red ich denn? Des Marchese Marinelli Freundschaft hätt ich mir nie träumen lassen. –

MARINELLI: Ich erkenne mein Unrecht, Herr Graf, mein unverzeihliches Unrecht, dass ich, ohne Ihre Erlaubnis, Ihr Freund sein wollen. – Bei dem allen: was tut das? Die Gnade des Prinzen, die Ihnen angetragene Ehre, bleiben, was sie sind: und ich zweifle nicht, Sie werden sie mit Begierd ergreifen.

APPIANI *(nach einiger Überlegung)*: Allerdings.

MARINELLI: Nun so kommen Sie.

APPIANI: Wohin?

MARINELLI: Nach Dosalo, zu dem Prinzen. – Es liegt schon alles fertig; und Sie müssen noch heut abreisen.

APPIANI: Was sagen Sie? – Noch heute?

MARINELLI: Lieber noch in dieser nämlichen Stunde, als in der folgenden. Die Sache ist von der äußersten Eil.

APPIANI: In Wahrheit? – So tut es mir Leid, dass ich die Ehre, welche mir der Prinz zugedacht, verbitten muss.

MARINELLI: Wie?

APPIANI: Ich kann heute nicht abreisen; – auch morgen nicht; – auch übermorgen nicht. –

MARINELLI: Sie scherzen, Herr Graf.

---

20 sich selbst rühmen

APPIANI: Mit Ihnen?

MARINELLI: Unvergleichlich! Wenn der Scherz den Prinzen gilt, so ist er um so viel lustiger. – Sie können nicht?

APPIANI: Nein, mein Herr, nein. – Und ich hoffe, dass der Prinz selbst meine Entschuldigung wird gelten lassen.

MARINELLI: Die bin ich begierig, zu hören.

APPIANI: O, eine Kleinigkeit! – Sehen Sie; ich soll noch heut eine Frau nehmen.

MARINELLI: Nun? und dann?

APPIANI: Und dann? – und dann? – Ihre Frage ist auch verzweifelt naiv.

MARINELLI: Man hat Exempel, Herr Graf, dass sich Hochzeiten aufschieben lassen. – Ich glaube freilich nicht, dass der Braut oder dem Bräutigam immer damit gedient ist. Die Sache mag ihr Unangenehmes haben. Aber doch, dächt ich, der Befehl des Herrn –

APPIANI: Der Befehl des Herrn? – des Herrn? Ein Herr, den man sich selber wählt, ist unser Herr so eigentlich nicht – Ich gebe zu, dass Sie dem Prinzen unbedingtern Gehorsam schuldig wären. Aber nicht ich. – Ich kam an seinen Hof als ein Freiwilliger. Ich wollte die Ehre haben, ihm zu dienen: aber nicht sein Sklave werden. Ich bin der Vasall[21] eines größern Herrn –

MARINELLI: Größer oder kleiner: Herr ist Herr.

APPIANI: Dass ich mit Ihnen darüber stritte! – Genug, sagen Sie dem Prinzen, was Sie gehört haben: – dass es mir Leid tut, seine Gnade nicht annehmen zu können; weil ich eben heut eine Verbindung vollzöge, die mein ganzes Glück ausmache.

MARINELLI: Wollen Sie ihn nicht zugleich wissen lassen, mit wem?

APPIANI: Mit Emilia Galotti.

MARINELLI: Der Tochter aus diesem Hause?

APPIANI: Aus diesem Hause.

MARINELLI: Hm! hm!

APPIANI: Was beliebt?

MARINELLI: Ich sollte meinen, dass es sonach um so weniger Schwierigkeiten haben könne, die Zeremonie bis zu Ihrer Zurückkunft auszusetzen.

APPIANI: Die Zeremonie? Nur die Zeremonie?

---

21 Appiani ist nicht Untertan des Prinzen, sondern landfremder Adliger.

MARINELLI: Die guten Eltern werden es so genau nicht nehmen.
APPIANI: Die guten Eltern?
MARINELLI: Und Emilia bleibt Ihnen ja wohl gewiss.
APPIANI: Ja wohl gewiss? – Sie sind mit Ihrem Ja wohl – ja wohl ein ganzer Affe!
MARINELLI: Mir das, Graf?
APPIANI: Warum nicht?
MARINELLI: Himmel und Hölle! – Wir werden uns sprechen.
APPIANI: Pah! Hämisch ist der Affe; aber –
MARINELLI: Tod und Verdammnis! – Graf, ich fodere Genugtuung.
APPIANI: Das versteht sich.
MARINELLI: Und würde sie gleich itzt nehmen: – nur dass ich dem zärtlichen Bräutigam den heutigen Tag nicht verderben mag.
APPIANI: Gutherziges Ding! Nicht doch! Nicht doch! *(Indem er ihn bei der Hand ergreift.)* Nach Massa freilich mag ich mich heute nicht schicken lassen: aber zu einem Spaziergange[22] mit Ihnen hab ich Zeit übrig. – Kommen Sie, kommen Sie!
MARINELLI *(der sich losreißt, und abgeht):* Nur Geduld, Graf, nur Geduld!

Elfter Auftritt

APPIANI. CLAUDIA GALOTTI

APPIANI: Geh, Nichtswürdiger! – Ha! das hat gut getan. Mein Blut ist in Wallung gekommen. Ich fühle mich anders und besser.
CLAUDIA *(eiligst und besorgt):* Gott! Herr Graf – Ich hab einen heftigen Wortwechsel gehört. – Ihr Gesicht glüht. Was ist vorgefallen?
APPIANI: Nichts, gnädige Frau, gar nichts. Der Kammerherr Marinelli hat mir einen großen Dienst erwiesen. Er hat mich des Ganges zum Prinzen überhoben.
CLAUDIA: In der Tat?
APPIANI: Wir können nun um so viel früher abfahren. Ich gehe, meine Leute zu treiben, und bin sogleich wieder hier. Emilia wird indes auch fertig.
CLAUDIA: Kann ich ganz ruhig sein, Herr Graf?
APPIANI: Ganz ruhig, gnädige Frau. *(Sie geht herein und er fort.)*

---

[22] Anspielung auf das Duell

Dritter Aufzug

(Die Szene: ein Vorsaal auf dem Lustschlosse des Prinzen)

Erster Auftritt

DER PRINZ. MARINELLI

MARINELLI: Umsonst; er schlug die angetragene Ehre mit der größten Verachtung aus.

DER PRINZ: Und so bleibt es dabei? So geht es vor sich? so wird Emilia noch heute die Seinige?

MARINELLI: Allem Ansehen nach.

DER PRINZ: Ich versprach mir von Ihrem Einfalle so viel! – Wer weiß, wie albern Sie sich dabei genommen. – Wenn der Rat eines Toren einmal gut ist, so muss ihn ein gescheuter Mann ausführen. Das hätt ich bedenken sollen.

MARINELLI: Da find ich mich schön belohnt!

DER PRINZ: Und wofür belohnt?

MARINELLI: Dass ich noch mein Leben darüber in die Schanze schlagen[23] wollte. – Als ich sahe, dass weder Ernst noch Spott den Grafen bewegen konnte, seine Liebe der Ehre nachzusetzen: versucht ich es, ihn in Harnisch zu jagen[24]. Ich sagte ihm Dinge, über die er sich vergaß. Er stieß Beleidigungen gegen mich aus: und ich foderte Genugtuung, – und foderte sie gleich auf der Stelle. – Ich dachte so: entweder er mich; oder ich ihn. Ich ihn: so ist das Feld ganz unser. Oder er mich: nun, wenn auch; so muss er fliehen, und der Prinz gewinnt wenigstens Zeit.

DER PRINZ: Das hätten Sie getan, Marinelli?

MARINELLI: Ha! man sollt es voraus wissen, wenn man so töricht bereit ist, sich für die Großen aufzuopfern – man sollt es voraus wissen, wie erkenntlich sie sein würden –

DER PRINZ: Und der Graf? – Er stehet in dem Rufe, sich so etwas nicht zweimal sagen zu lassen.

MARINELLI: Nachdem es fällt, ohne Zweifel. – Wer kann es ihm auch

---

23 aufs Spiel setzen
24 erzürnen, provozieren

verdenken? – Er versetzte, dass er auf heute doch noch etwas Wichtigeres zu tun habe, als sich mit mir den Hals zu brechen. Und so beschied er mich auf die ersten acht Tage nach der Hochzeit.

DER PRINZ: Mit Emilia Galotti! Der Gedanke macht mich rasend! – Darauf ließen Sie es gut sein, und gingen: – und kommen und prahlen, dass Sie Ihr Leben für mich in die Schanze geschlagen; sich mir aufgeopfert –

MARINELLI: Was wollen Sie aber, gnädiger Herr, das ich weiter hätte tun sollen?

DER PRINZ: Weiter tun? – Als ob Er etwas getan hätte!

MARINELLI: Und lassen Sie doch hören, gnädiger Herr, was Sie für sich selbst getan haben. – Sie waren so glücklich, sie noch in der Kirche zu sprechen. Was haben Sie mit ihr abgeredet?

DER PRINZ *(höhnisch):* Neugierde zur Genüge! – Die ich nur befriedigen muss. – O, es ging alles nach Wunsch. – Sie brauchen sich nicht weiter zu bemühen, mein allzudienstfertiger Freund! – Sie kam meinem Verlangen, mehr als halbes Weges, entgegen. Ich hätte sie nur gleich mitnehmen dürfen. *(Kalt und befehlend.)* Nun wissen Sie, was Sie wissen wollen; – und können gehn!

MARINELLI: Und können gehn! – Ja, ja; das ist das Ende vom Liede! und würd es sein, gesetzt auch, ich wollte noch das Unmögliche versuchen. – Das Unmögliche, sag ich? – So unmöglich wär es nun wohl nicht: aber kühn. – Wenn wir die Braut in unserer Gewalt hätten: so stünd ich dafür, dass aus der Hochzeit nichts werden sollte.

DER PRINZ: Ei! wofür der Mann nicht alles stehen will! Nun dürft ich ihm nur noch ein Kommando von meiner Leibwache geben, und er legte sich an der Landstraße damit in Hinterhalt, und fiele selbst funziger einen Wagen an, und riss ein Mädchen heraus, das er im Triumphe mir zubrächte.

MARINELLI: Es ist eher ein Mädchen mit Gewalt entführt worden, ohne dass es einer gewaltsamen Entführung ähnlich gesehen.

DER PRINZ: Wenn Sie das zu machen wüssten: so würden Sie nicht erst lange davon schwatzen.

MARINELLI: Aber für den Ausgang müsste man nicht stehen sollen. – Es könnten sich Unglücksfälle dabei eräugnen –

DER PRINZ: Und es ist meine Art, dass ich Leute Dinge verantworten lasse, wofür sie nicht können!

MARINELLI: Also, gnädiger Herr – *(Man hört von weitem einen Schuss.)* Ha! was war das? – Hört ich recht? – Hörten Sie nicht auch, gnädiger Herr, einen Schuss fallen? – Und da noch einen!

DER PRINZ: Was ist das? was gibts?

MARINELLI: Was meinen Sie wohl? – Wie wann ich tätiger wäre, als Sie glauben?

DER PRINZ: Tätiger? – So sagen Sie doch –

MARINELLI: Kurz: wovon ich gesprochen, geschieht.

DER PRINZ: Ist es möglich?

MARINELLI: Nur vergessen Sie nicht, Prinz, wessen Sie mich eben versichert. – Ich habe nochmals Ihr Wort – –

DER PRINZ: Aber die Anstalten sind doch so –

MARINELLI: Als sie nur immer sein können! – Die Ausführung ist Leuten anvertraut, auf die ich mich verlassen kann. Der Weg geht hart an der Planke des Tiergartens vorbei. Da wird ein Teil den Wagen angefallen haben; gleichsam, um ihn zu plündern. Und ein andrer Teil, wobei einer von meinen Bedienten ist, wird aus dem Tiergarten gestürzt sein; den Angefallenen gleichsam zur Hülfe. Während des Handgemenges, in das beide Teile zum Schein geraten, soll mein Bedienter Emilien ergreifen, als ob er sie retten wolle, und durch den Tiergarten in das Schloss bringen. – So ist die Abrede. – Was sagen Sie nun, Prinz?

DER PRINZ: Sie überraschen mich auf eine sonderbare Art. – Und eine Bangigkeit überfällt mich – *(Marinelli tritt an das Fenster.)* Wornach sehen Sie?

MARINELLI: Dahinaus muss es sein! – Recht! – und eine Maske kömmt bereits um die Planke gesprengt; – ohne Zweifel, mir den Erfolg zu berichten. – Entfernen Sie sich, gnädiger Herr.

DER PRINZ: Ah, Marinelli –

MARINELLI: Nun? Nicht wahr, nun hab ich zu viel getan; und vorhin zu wenig?

DER PRINZ: Das nicht. Aber ich sehe bei alledem nicht ab – –

MARINELLI: Absehn? – Lieber alles mit eins! – Geschwind entfernen Sie sich. – Die Maske muss Sie nicht sehen. *(Der Prinz geht ab.)*

Zweiter Auftritt

MARINELLI *und bald darauf* ANGELO

MARINELLI *(der wieder nach dem Fenster geht):* Dort fährt der Wagen langsam nach der Stadt zurück. – So langsam? Und in jedem Schlage ein Bedienter? – Das sind Anzeigen, die mir nicht gefallen: – dass der Streich wohl nur halb gelungen ist; – dass man einen Verwundeten gemächlich zurückführet, – und keinen Toten. – Die Maske steigt ab. – Es ist Angelo selbst. Der Tolldreiste! – Endlich, hier weiß er die Schliche. – Er winkt mir zu. Er muss seiner Sache gewiss sein. – Ha, Herr Graf, der Sie nicht nach Massa wollten, und nun noch einen weitern Weg müssen! – Wer hatte Sie die Affen so kennen gelehrt? *(Indem er nach der Türe zugeht.)* Jawohl sind sie hämisch. – Nun Angelo?

ANGELO *(der die Maske abgenommen):* Passen Sie auf, Herr Kammerherr[25]! Man muss sie gleich bringen.

MARINELLI: Und wie lief es sonst ab?

ANGELO: Ich denke ja, recht gut.

MARINELLI: Wie steht es mit dem Grafen?

ANGELO: Zu dienen! So, so! – Aber er muss Wind gehabt haben. Denn er war nicht so ganz unbereitet.

MARINELLI: Geschwind sage mir, was du mir zu sagen hast! – Ist er tot?

ANGELO: Es tut mir Leid um den guten Herrn.

MARINELLI: Nun da, für dein mitleidiges Herz! *(Gibt ihm einen Beutel mit Gold.)*

ANGELO: Vollends mein braver Nicolo! der das Bad mit bezahlen[26] müssen.

MARINELLI: So? Verlust auf beiden Seiten?

ANGELO: Ich könnte weinen, um den ehrlichen Jungen! Ob mir sein Tod schon das *(indem er den Beutel in der Hand wieget)* um ein Vierteil verbessert. Denn ich bin sein Erbe; weil ich ihn gerächet habe. Das ist so unser Gesetz: ein so gutes, mein ich, als für Treu und Freundschaft je gemacht worden. Dieser Nicolo, Herr Kammerherr –

MARINELLI: Mit deinem Nicolo! – Aber der Graf, der Graf –

---
25 Adliger im Dienste des Hofes
26 den Schaden tragen müssen

ANGELO: Blitz! der Graf hatte ihn gut gefasst. Dafür fasst ich auch wieder den Grafen! – Er stürzte; und wenn er noch lebendig zurück in die Kutsche kam: so steh ich dafür, dass er nicht lebendig wieder heraus kömmt.

MARINELLI: Wenn das nur gewiss ist, Angelo.

ANGELO: Ich will Ihre Kundschaft verlieren, wenn es nicht gewiss ist! – Haben Sie noch was zu befehlen? denn mein Weg ist der weiteste: wir wollen heute noch über die Grenze.

MARINELLI: So geh.

ANGELO: Wenn wieder was vorfällt, Herr Kammerherr, – Sie wissen, wo ich zu erfragen bin. Was sich ein andrer zu tun getrauet, wird für mich auch keine Hexerei sein. Und billiger bin ich, als jeder andere. *(Geht ab.)*

MARINELLI: Gut das! – Aber doch nicht so recht gut. – Pfui, Angelo! so ein Knicker zu sein! Einen zweiten Schuss wäre er ja wohl noch wert gewesen. – Und wie er sich vielleicht nun martern muss, der arme Graf! – Pfui, Angelo! Das heißt sein Handwerk sehr grausam treiben; – und verpfuschen. – Aber davon muss der Prinz noch nichts wissen. Er muss erst selbst finden, wie zuträglich ihm dieser Tod ist. – Dieser Tod! – Was gäb ich um die Gewissheit!

Dritter Auftritt

DER PRINZ. MARINELLI

DER PRINZ: Dort kömmt sie, die Allee herauf. Sie eilet vor dem Bedienten her. Die Furcht, wie es scheinet, beflügelt ihre Füße. Sie muss noch nichts argwohnen. Sie glaubt sich nur vor Räubern zu retten. – Aber wie lange kann das dauern?

MARINELLI: So haben wir sie doch fürs Erste.

DER PRINZ: Und wird die Mutter sie nicht aufsuchen? Wird der Graf ihr nicht nachkommen? Was sind wir alsdann weiter? Wie kann ich sie ihnen vorenthalten?

MARINELLI: Auf das alles weiß ich freilich noch nichts zu antworten. Aber wir müssen sehen. Gedulden Sie sich, gnädiger Herr. Der erste Schritt musste doch getan sein. –

DER PRINZ: Wozu? wenn wir ihn zurücktun müssen.

MARINELLI: Vielleicht müssen wir nicht. – Da sind tausend Dinge, auf die sich weiter fußen lässt. – Und vergessen Sie denn das Vornehmste?

DER PRINZ: Was kann ich vergessen, woran ich sicher noch nicht gedacht habe? – Das Vornehmste? was ist das?

MARINELLI: Die Kunst zu gefallen, zu überreden, – die einem Prinzen, welcher liebt, nie fehlet.

DER PRINZ: Nie fehlet? Außer, wo er sie gerade am nötigsten brauchte. – Ich habe von dieser Kunst schon heut einen zu schlechten Versuch gemacht. Mit allen Schmeicheleien und Beteuerungen konnt ich ihr auch nicht ein Wort auspressen. Stumm und niedergeschlagen und zitternd stand sie da; wie eine Verbrecherin, die ihr Todesurteil höret. Ihre Angst steckte mich an, ich zitterte mit, und schloss mit einer Bitte um Vergebung. Kaum getrau ich mir, sie wieder anzureden. – Bei ihrem Eintritte wenigstens wag ich es nicht zu sein. Sie, Marinelli, müssen sie empfangen. Ich will hier in der Nähe hören, wie es abläuft; und kommen, wenn ich mich mehr gesammelt habe.

Vierter Auftritt

MARINELLI *und bald darauf dessen Bedienter* BATTISTA *mit* EMILIEN

MARINELLI: Wenn sie ihn nicht selbst stürzen gesehen – Und das muss sie wohl nicht; da sie so fortgeeilet – Sie kömmt. Auch ich will nicht das Erste sein, was ihr hier in die Augen fällt. *(Er zieht sich in einen Winkel des Saales zurück.)*

BATTISTA: Nur hier herein, gnädiges Fräulein.

EMILIA *(außer Atem):* Ah! – Ah! – Ich danke Ihm, mein Freund; – ich dank Ihm. – Aber Gott, Gott! wo bin ich? – Und so ganz allein? Wo bleibt meine Mutter? Wo blieb der Graf? – Sie kommen doch nach? mir auf dem Fuße nach?

BATTISTA: Ich vermute.

EMILIA: Er vermutet? Er weiß es nicht? Er sah sie nicht? – Ward nicht gar hinter uns geschossen? –

BATTISTA: Geschossen? – Das wäre! –

EMILIA: Ganz gewiss! Und das hat den Grafen, oder meine Mutter getroffen. –

BATTISTA: Ich will gleich nach ihnen ausgehen.

EMILIA: Nicht ohne mich. – Ich will mit; ich muss mit: komm Er, mein Freund!

MARINELLI *(der plötzlich herzutritt, als ob er eben hereinkäme):* Ah, gnädiges Fräulein! Was für ein Unglück, oder vielmehr, was für ein Glück, – was für ein glückliches Unglück verschafft uns die Ehre –

EMILIA *(stutzend):* Wie? Sie hier, mein Herr? – Ich bin also wohl bei Ihnen? – Verzeihen Sie, Herr Kammerherr. Wir sind von Räubern ohnfern überfallen worden. Da kamen uns gute Leute zu Hülfe; – und dieser ehrliche Mann hob mich aus dem Wagen, und brachte mich hierher. – Aber ich erschrecke, mich allein gerettet zu sehen. Meine Mutter ist noch in der Gefahr. Hinter uns ward sogar geschossen. Sie ist vielleicht tot; – und ich lebe? – Verzeihen Sie. Ich muss fort; ich muss wieder hin, – wo ich gleich hätte bleiben sollen.

MARINELLI: Beruhigen Sie sich, gnädiges Fräulein. Es stehet alles gut; sie werden bald bei Ihnen sein, die geliebten Personen, für die Sie so viel zärtliche Angst empfinden. – Indes, Battista, geh, lauf: sie dürften vielleicht nicht wissen, wo das Fräulein ist. Sie dürften sie vielleicht in einem von den Wirtschaftshäusern des Gartens suchen. Bringt sie unverzüglich hierher. *(Battista geht ab.)*

EMILIA: Gewiss? Sind sie alle geborgen? Ist ihnen nichts widerfahren? – Ah, was ist dieser Tag für ein Tag des Schreckens für mich! – Aber ich sollte nicht hier bleiben; ich sollte ihnen entgegen eilen –

MARINELLI: Wozu das, gnädiges Fräulein? Sie sind ohnedem schon ohne Atem und Kräfte. Erholen Sie sich vielmehr, und geruhen in ein Zimmer zu treten, wo mehr Bequemlichkeit ist. – Ich will wetten, dass der Prinz schon selbst um Ihre teuere ehrwürdige Mutter ist, und sie Ihnen zuführet.

EMILIA: Wer, sagen Sie?

MARINELLI: Unser gnädigster Prinz selbst.

EMILIA *(äußerst bestürzt):* Der Prinz?

MARINELLI: Er floh, auf die erste Nachricht, Ihnen zu Hülfe. – Er ist höchst ergrimmt, dass ein solches Verbrechen ihm so nahe, unter seinen Augen gleichsam, hat dürfen gewagt werden. Er lässt den Tätern nachsetzen, und ihre Strafe, wenn sie ergriffen werden, wird unerhört sein.

EMILIA: Der Prinz! – Wo bin ich denn также?
MARINELLI: Auf Dosalo, dem Lustschlosse des Prinzen.
EMILIA: Welch ein Zufall! – Und Sie glauben, dass er gleich selbst erscheinen könne? – Aber doch in Gesellschaft meiner Mutter?
MARINELLI: Hier ist er schon.

Fünfter Auftritt

DER PRINZ. EMILIA. MARINELLI

DER PRINZ: Wo ist sie? wo? – Wir suchen Sie überall, schönstes Fräulein. – Sie sind doch wohl? – Nun so ist alles wohl! Der Graf, Ihre Mutter, –

EMILIA: Ah, gnädigster Herr! wo sind sie? Wo ist meine Mutter?

DER PRINZ: Nicht weit; hier ganz in der Nähe.

EMILIA: Gott, in welchem Zustande werde ich die eine, oder den andern, vielleicht treffen! Ganz gewiss treffen! – denn Sie verhehlen mir, gnädiger Herr – ich seh es, Sie verhehlen mir –

DER PRINZ: Nicht doch, bestes Fräulein. – Geben Sie mir Ihren Arm, und folgen Sie mir getrost.

EMILIA *(unentschlossen):* Aber – wenn ihnen nichts widerfahren – wenn meine Ahnungen mich trügen: – warum sind sie nicht schon hier? Warum kamen sie nicht mit Ihnen, gnädiger Herr?

DER PRINZ: So eilen Sie doch, mein Fräulein, alle diese Schreckenbilder mit eins verschwinden zu sehen. –

EMILIA: Was soll ich tun! *(Die Hände ringend.)*

DER PRINZ: Wie, mein Fräulein? Sollten Sie einen Verdacht gegen mich hegen? –

EMILIA *(die vor ihm niederfällt):* Zu Ihren Füßen, gnädiger Herr –

DER PRINZ *(sie aufhebend):* Ich bin äußerst beschämt. – Ja, Emilia, ich verdiene diesen stummen Vorwurf. – Mein Betragen diesen Morgen, ist nicht zu rechtfertigen: – zu entschuldigen höchstens. Verzeihen Sie meiner Schwachheit. Ich hätte Sie mit keinem Geständnisse beunruhigen sollen, von dem ich keinen Vorteil zu erwarten habe. Auch ward ich durch die sprachlose Bestürzung, mit der Sie es anhörten, oder vielmehr nicht anhörten, genugsam bestraft. – Und könnt ich schon diesen Zufall[27], der mir nochmals, ehe alle meine Hoffnung auf ewig verschwindet, – mir nochmals das Glück Sie zu sehen und zu sprechen verschafft; könnt ich schon diesen Zufall für den Wink eines günstigen Glückes erklären, – für den wunderbarsten Aufschub meiner endlichen Verurteilung erklären, um nochmals um Gnade flehen zu dürfen: so will ich doch – Beben Sie nicht, mein Fräulein – einzig und allein von Ihrem Blicke abhangen. Kein Wort, kein Seufzer, soll Sie beleidigen. – Nur kränke mich nicht Ihr Misstrauen. Nur zweifeln Sie keinen Augenblick an der unumschränktesten Gewalt, die Sie über mich haben. Nur falle Ihnen nie bei, dass Sie eines andern Schutzes gegen mich bedürfen. – Und nun kommen Sie, mein Fräulein, – kommen Sie, wo Entzückungen auf Sie warten, die Sie mehr billigen. *(Er führt sie, nicht ohne Sträuben, ab.)* Folgen Sie uns, Marinelli. –

MARINELLI: Folgen Sie uns, – das mag heißen: folgen Sie uns nicht! – Was hätte ich ihnen auch zu folgen? Er mag sehen, wie weit er es unter vier Augen mit ihr bringt. – Alles, was ich zu tun habe, ist, – zu verhindern, dass sie nicht gestöret werden. Von dem Grafen zwar, hoffe ich nun wohl nicht. Aber von der Mutter; von der Mutter! Es sollte mich sehr wundern, wenn die so ruhig abgezogen wäre, und ihre Tochter im Stiche gelassen hätte. – Nun, Battista? was gibts?

Sechster Auftritt

BATTISTA. MARINELLI

BATTISTA *(eiligst):* Die Mutter, Herr Kammerherr –
MARINELLI: Dacht ichs doch! – Wo ist sie?
BATTISTA: Wann Sie ihr nicht zuvorkommen, so wird sie den Augenblick hier sein. – Ich war gar nicht Willens, wie Sie mir zum Schein geboten, mich nach ihr umzusehen: als ich ihr Geschrei von weitem hörte. Sie ist der Tochter auf der Spur, und wo nur nicht – unserm ganzen Anschlage! Alles, was in dieser ein-

---

27 hier im Sinne von ‚unglücklicher Vorfall'

samen Gegend von Menschen ist, hat sich um sie versammelt; und jeder will der sein, der ihr den Weg weiset. Ob man ihr schon gesagt, dass der Prinz hier ist, dass Sie hier sind, weiß ich nicht. – Was wollen Sie tun?

MARINELLI: Lass sehen! – *(Er überlegt.)* Sie nicht einlassen, wenn sie weiß, dass die Tochter hier ist? – Das geht nicht. – Freilich, sie wird Augen machen, wenn sie den Wolf bei dem Schäfchen sieht. – Augen? Das möchte noch sein. Aber der Himmel sei unsern Ohren gnädig! – Nun was? die beste Lunge erschöpft sich; auch so gar eine weibliche. Sie hören alle auf zu schreien, wenn sie nicht mehr können. – Dazu, es ist doch einmal die Mutter, die wir auf unserer Seite haben müssen. – Wenn ich die Mütter recht kenne: – so etwas von einer Schwiegermutter eines Prinzen zu sein, schmeichelt die meisten. – Lass sie kommen, Battista, lass sie kommen!

BATTISTA: Hören Sie! hören Sie!

CLAUDIA GALOTTI *(innerhalb):* Emilia! Emilia! Mein Kind, wo bist du?

MARINELLI: Geh, Battista, und suche nur ihre neugierigen Begleiter zu entfernen.

Siebenter Auftritt

CLAUDIA GALOTTI. BATTISTA. MARINELLI

CLAUDIA *(die in die Türe tritt, indem Battista heraus gehen will):* Ha! der hob sie aus dem Wagen! Der führte sie fort! Ich erkenne dich. Wo ist sie? Sprich, Unglücklicher!

BATTISTA: Das ist mein Dank?

CLAUDIA: O, wenn du Dank verdienest *(in einem gelinden Tone:)* – so verzeihe mir, ehrlicher Mann! – Wo ist sie? – Lasst mich sie nicht länger entbehren. Wo ist sie?

BATTISTA: O, Ihre Gnaden, sie könnte in dem Schoße der Seligkeit nicht aufgehobner sein. – Hier mein Herr wird Ihre Gnaden zu ihr führen. *(Gegen einige Leute, welche nachdringen wollen.)* Zurück da! ihr!

Achter Auftritt

CLAUDIA GALOTTI. MARINELLI

CLAUDIA: Dein Herr? – *(Erblickt den Marinelli und fährt zurück.)* Ha! – Das dein Herr? – Sie hier, mein Herr? Und hier meine Tochter? Und Sie, Sie sollen mich zu ihr führen?
MARINELLI: Mit vielem Vergnügen, gnädige Frau.
CLAUDIA: Halten Sie! – Eben fällt mir es bei – Sie waren es ja – nicht? – Der den Grafen diesen Morgen in meinem Hause aufsuchte? mit dem ich ihn allein ließ? mit dem er Streit bekam?
MARINELLI: Streit? – Was ich nicht wüsste: ein unbedeutender Wortwechsel in herrschaftlichen Angelegenheiten –
CLAUDIA: Und Marinelli heißen Sie?
MARINELLI: Marchese Marinelli.
CLAUDIA: So ist es richtig. – Hören Sie doch, Herr Marchese. – Marinelli war – der Name Marinelli war – begleitet mit einer Verwünschung – Nein, dass ich den edeln Mann nicht verleumde! – begleitet mit keiner Verwünschung – Die Verwünschung denk ich hinzu – Der Name Marinelli war das letzte Wort des sterbenden Grafen.
MARINELLI: Des sterbenden Grafen? Grafen Appiani? – Sie hören, gnädige Frau, was mir in Ihrer seltsamen Rede am meisten auffällt. – Des sterbenden Grafen? – Was Sie sonst sagen wollen, versteh ich nicht.
CLAUDIA *(bitter und langsam):* Der Name Marinelli war das letzte Wort des sterbenden Grafen! – Verstehen Sie nun? – Ich verstand es erst auch nicht: ob schon mit einem Tone gesprochen – mit einem Tone! – Ich höre ihn noch! Wo waren meine Sinne, dass sie diesen Ton nicht sogleich verstanden?
MARINELLI: Nun, gnädige Frau? – Ich war von je her des Grafen Freund; sein vertrautester Freund. Also, wenn er mich noch im Sterben nannte –
CLAUDIA: Mit dem Tone? – Ich kann ihn nicht nachmachen; ich kann ihn nicht beschreiben: aber er enthielt alles! alles! – Was? Räuber wären es gewesen, die uns anfielen! – Mörder waren es; erkaufte Mörder! – Und Marinelli, Marinelli war das letzte Wort des sterbenden Grafen! Mit einem Tone!
MARINELLI: Mit einem Tone? – Ist es erhört, auf einen Ton, in einem

Augenblicke des Schreckens vernommen, die Anklage eines rechtschaffnen Mannes zu gründen?
CLAUDIA: Ha, könnt ich ihn nur vor Gerichte stellen, diesen Ton! – Doch, weh mir! Ich vergesse darüber meine Tochter. – Wo ist sie? – Wie? auch tot? – Was konnte meine Tochter dafür, dass Appiani dein Feind war?
MARINELLI: Ich verzeihe der bangen Mutter. – Kommen Sie, gnädige Frau – Ihre Tochter ist hier; in einem von den nächsten Zimmern: und hat sich hoffentlich von ihrem Schrecken schon völlig erholt. Mit der zärtlichsten Sorgfalt ist der Prinz selbst um sie beschäftiget -
CLAUDIA: Wer? – Wer selbst?
MARINELLI: Der Prinz.
CLAUDIA: Der Prinz? – Sagen Sie wirklich, der Prinz? – Unser Prinz?
MARINELLI: Welcher sonst?
CLAUDIA: Nun dann! – Ich unglückselige Mutter! – Und ihr Vater! ihr Vater! – Er wird den Tag ihrer Geburt verfluchen. Er wird mich verfluchen.
MARINELLI: Um des Himmels willen, gnädige Frau! Was fällt Ihnen nun ein?
CLAUDIA: Es ist klar! – Ist es nicht? – Heute im Tempel! vor den Augen der Allerreinesten! in der nähern Gegenwart des Ewigen! – begann das Bubenstück; da brach es aus! *(Gegen den Marinelli.)* Ha, Mörder! feiger, elender Mörder! Nicht tapfer genug, mit eigner Hand zu morden: aber nichtswürdig genug, zu Befriedigung eines fremden Kitzels zu morden! – morden zu lassen! – Abschaum aller Mörder! – Was ehrliche Mörder sind, werden dich unter sich nicht dulden! Dich! Dich! – Denn warum soll ich dir nicht alle meine Galle, allen meinen Geifer mit einem einzigen Worte ins Gesicht speien? – Dich! Dich Kuppler!
MARINELLI: Sie schwärmen, gute Frau. – Aber mäßigen Sie wenigstens Ihr wildes Geschrei, und bedenken Sie, wo Sie sind.
CLAUDIA: Wo ich bin? Bedenken, wo ich bin? – Was kümmert es die Löwin, der man die Jungen geraubet, in wessen Walde sie brüllet?
EMILIA *(innerhalb):* Ha, meine Mutter! Ich höre meine Mutter!
CLAUDIA: Ihre Stimme? Das ist sie! Sie hat mich gehört; sie hat mich gehört. Und ich sollte nicht schreien? – Wo bist du, mein Kind? Ich komme, ich komme! *(Sie stürzt in das Zimmer, und Marinelli ihr nach.)*

Vierter Aufzug

(Die Szene bleibt.)

Erster Auftritt

DER PRINZ. MARINELLI

DER PRINZ *(als aus dem Zimmer von Emilien kommend):* Kommen Sie, Marinelli! Ich muss mich erholen – und muss Licht[28] von Ihnen haben.

MARINELLI: O der mütterlichen Wut! Ha! ha! ha!

DER PRINZ: Sie lachen?

MARINELLI: Wenn Sie gesehen hätten, Prinz, wie toll sich hier, hier im Saale, die Mutter gebärdete – Sie hörten sie ja wohl schreien! – und wie zahm sie auf einmal ward, bei dem ersten Anblicke von Ihnen –– Ha! ha! – Das weiß ich ja wohl, dass keine Mutter einem Prinzen die Augen auskratzt, weil er ihre Tochter schön findet!

DER PRINZ: Sie sind ein schlechter Beobachter! – Die Tochter stürzte der Mutter ohnmächtig in die Arme. Darüber vergaß die Mutter ihre Wut: nicht über mir. Ihre Tochter schonte sie, nicht mich; wenn sie es nicht lauter, nicht deutlicher sagte, – was ich lieber selbst nicht gehört, nicht verstanden haben will.

MARINELLI: Was, gnädiger Herr?

DER PRINZ: Wozu die Verstellung? – Heraus damit. Ist es wahr? oder ist es nicht wahr?

MARINELLI: Und wenn es denn wäre!

DER PRINZ: Wenn es denn wäre? – Also ist es? – Er ist tot? tot? – *(Drohend.)* Marinelli! Marinelli!

MARINELLI: Nun?

DER PRINZ: Bei Gott! bei dem allgerechten Gott! ich bin unschuldig an diesem Blute. – Wenn Sie mir vorher gesagt hätten, dass es dem Grafen das Leben kosten werde – Nein, nein! und wenn es mir selbst das Leben gekostet hätte! –

MARINELLI: Wenn ich Ihnen vorher gesagt hätte? – Als ob sein Tod in meinem Plane gewesen wäre! Ich hatte es dem Angelo auf die

---

28 Aufklärung

Seele gebunden[29], zu verhüten, dass niemanden Leides geschähe. Es würde auch ohne die geringste Gewalttätigkeit abgelaufen sein, wenn sich der Graf nicht die erste erlaubt hätte. Er schoss Knall und Fall den einen nieder.

DER PRINZ: Wahrlich; er hätte sollen Spaß verstehen!

MARINELLI: Dass Angelo sodann in Wut kam, und den Tod seines Gefährten rächte –

DER PRINZ: Freilich, das ist sehr natürlich!

MARINELLI: Ich hab es ihm genug verwiesen[30].

DER PRINZ: Verwiesen? Wie freundschaftlich! – Warnen Sie ihn, dass er sich in meinem Gebiete nicht betreten lässt. Mein Verweis möchte so freundschaftlich nicht sein.

MARINELLI: Recht wohl! – Ich und Angelo; Vorsatz und Zufall: alles ist eins. – Zwar ward es voraus bedungen, zwar ward es voraus versprochen, dass keiner der Unglücksfälle, die sich dabei eräugnen könnten, mir zu Schulden kommen solle –

DER PRINZ: Die sich dabei eräugnen – könnten, sagen Sie? oder sollten?

MARINELLI: Immer besser! – Doch, gnädiger Herr, – ehe Sie mir es mit dem trocknen Worte sagen, wofür Sie mich halten – eine einzige Vorstellung! Der Tod des Grafen ist mir nichts weniger, als gleichgültig. Ich hatte ihn ausgefodert; er war mir Genugtuung schuldig; er ist ohne diese aus der Welt gegangen; und meine Ehre bleibt beleidiget. Gesetzt, ich verdiente unter jeden andern Umständen den Verdacht, den Sie gegen mich hegen: aber auch unter diesen? – *(Mit einer angenommenen Hitze.)* Wer das von mir denken kann! –

DER PRINZ *(nachgebend):* Nun gut, nun gut –

MARINELLI: Dass er noch lebte! O dass er noch lebte! Alles, alles in der Welt wollte ich darum geben – *(bitter)* selbst die Gnade meines Prinzen, – diese unschätzbare, nie zu verscherzende Gnade – wollt ich drum geben!

DER PRINZ: Ich verstehe. – Nun gut, nun gut. Sein Tod war Zufall, bloßer Zufall. Sie versichern es; und ich, ich glaub es. – Aber wer mehr? Wer wird es mehr glauben? Auch der Vater? Auch die Mutter? Auch Emilia? – Auch die Welt?

---

29 dringend ans Herz legen
30 getadelt, vorgeworfen

MARINELLI *(kalt):* Schwerlich.

DER PRINZ: Und wenn man es nicht glaubt, was wird man denn glauben? – Sie zucken die Achsel? – Ihren Angelo wird man für das Werkzeug, und mich für den Täter halten –

MARINELLI *(noch kälter):* Wahrscheinlich genug.

DER PRINZ: Mich! mich selbst! – Oder ich muss von Stund an alle Absicht auf Emilien aufgeben –

MARINELLI *(höchst gleichgültig):* Was Sie auch gemusst hätten – wenn der Graf noch lebte. –

DER PRINZ *(heftig, aber sich gleich wieder fassend):* Marinelli! – Doch, Sie sollen mich nicht wild machen. – Es sei so – Es ist so! Und das wollen Sie doch nur sagen: der Tod des Grafen ist für mich ein Glück – das größte Glück, was mir begegnen konnte, – das einzige Glück, was meiner Liebe zu statten kommen konnte. Und als dieses, – mag er doch geschehen sein, wie er will! – Ein Graf mehr in der Welt, oder weniger! Denke ich Ihnen so recht? – Topp! auch ich erschrecke vor einem kleinen Verbrechen nicht. Nur, guter Freund, muss es ein kleines stilles Verbrechen, ein kleines heilsames Verbrechen sein. Und sehen Sie, unseres da, wäre nun gerade weder stille noch heilsam. Es hätte den Weg zwar gereiniget, aber zugleich gesperrt. Jedermann würde es uns auf den Kopf zusagen, – und leider hätten wir es gar nicht einmal begangen! – Das liegt doch wohl nur bloß an Ihren weisen, wunderbaren Anstalten?

MARINELLI: Wenn Sie so befehlen –

DER PRINZ: Woran sonst? – Ich will Rede!

MARINELLI: Es kömmt mehr auf meine Rechnung, was nicht darauf gehört.

DER PRINZ: Rede will ich!

MARINELLI: Nun dann! Was läge an meinen Anstalten? dass den Prinzen bei diesem Unfalle ein so sichtbarer Verdacht trifft? – An dem Meisterstreiche liegt das, den er selbst meinen Anstalten mit einzumengen die Gnade hatte.

DER PRINZ: Ich?

MARINELLI: Er erlaube mir, ihm zu sagen, dass der Schritt, den er heute Morgen in der Kirche getan, – mit so vielem Anstande er ihn auch getan – so unvermeidlich er ihn auch tun musste – dass dieser Schritt dennoch nicht in den Tanz gehörte.

DER PRINZ: Was verdarb er denn auch?

MARINELLI: Freilich nicht den ganzen Tanz: aber doch voritzo[31] den Takt.

DER PRINZ: Hm! Versteh ich Sie?

MARINELLI: Also, kurz und einfältig. Da ich die Sache übernahm, nicht wahr, da wusste Emilia von der Liebe des Prinzen noch nichts? Emiliens Mutter noch weniger. Wenn ich nun auf diesen Umstand baute? und der Prinz indes den Grund meines Gebäudes untergrub? –

DER PRINZ *(sich vor die Stirne schlagend):* Verwünscht!

MARINELLI: Wenn er es nun selbst verriet, was er im Schilde führe?

DER PRINZ: Verdammter Einfall!

MARINELLI: Und wenn er es nicht selbst verraten hätte? – Traun! ich möchte doch wissen, aus welcher meiner Anstalten, Mutter oder Tochter den geringsten Argwohn gegen ihn schöpfen könnte?

DER PRINZ: Dass Sie Recht haben!

MARINELLI: Daran tu ich freilich sehr Unrecht – Sie werden verzeihen, gnädiger Herr –

Zweiter Auftritt

BATTISTA. DER PRINZ. MARINELLI

BATTISTA *(eiligst):* Eben kömmt die Gräfin an.

DER PRINZ: Die Gräfin? Was für eine Gräfin?

BATTISTA: Orsina.

DER PRINZ: Orsina? – Marinelli! – Orsina? – Marinelli!

MARINELLI: Ich erstaune darüber, nicht weniger als Sie selbst.

DER PRINZ: Geh, lauf, Battista: sie soll nicht aussteigen. Ich bin nicht hier. Ich bin für sie nicht hier. Sie soll augenblicklich wieder umkehren. Geh, lauf! – *(Battista geht ab.)* Was will die Närrin? Was untersteht sie sich? Wie weiß sie, dass wir hier sind? Sollte sie wohl auf Kundschaft kommen? Sollte sie wohl schon etwas vernommen haben? – Ah, Marinelli! So reden Sie, so antworten Sie doch! – Ist er beleidiget der Mann, der mein Freund sein will? Und durch einen elenden Wortwechsel beleidiget? Soll ich ihn um Verzeihung bitten?

---

31 fürs Erste

MARINELLI: Ah, mein Prinz, so bald Sie wieder Sie sind, bin ich mit ganzer Seele wieder der Ihrige! – Die Ankunft der Orsina ist mir ein Rätsel, wie Ihnen. Doch abweisen wird sie schwerlich sich lassen. Was wollen Sie tun?
DER PRINZ: Sie durchaus nicht sprechen; mich entfernen –
MARINELLI: Wohl! und nur geschwind. Ich will sie empfangen –
DER PRINZ: Aber bloß, um sie gehen zu heißen. – Weiter geben Sie mit ihr sich nicht ab. Wir haben andere Dinge hier zu tun –
MARINELLI: Nicht doch, Prinz! Diese andern Dinge sind getan. Fassen Sie doch Mut! Was noch fehlt, kömmt sicherlich von selbst. – Aber hör ich sie nicht schon? – Eilen Sie, Prinz! – Da, *(auf ein Kabinett zeigend, in welches sich der Prinz begibt)* wenn Sie wollen, werden Sie uns hören können. – Ich fürchte, ich fürchte, sie ist nicht zu ihrer besten Stunde ausgefahren.

Dritter Auftritt

DIE GRÄFIN ORSINA. MARINELLI

ORSINA *(ohne den Marinelli anfangs zu erblicken):* Was ist das? – Niemand kömmt mir entgegen, außer ein Unverschämter, der mir lieber gar den Eintritt verweigert hätte? Ich bin doch zu Dosalo? Zu dem Dosalo, wo mir sonst ein ganzes Heer geschäftiger Augendiener[32] entgegen stürzte? wo mich sonst Liebe und Entzücken erwarteten? – Der Ort ist es: aber, aber! – Sieh da, Marinelli! – Recht gut, dass der Prinz Sie mitgenommen. – Nein, nicht gut! Was ich mit ihm auszumachen hätte, hätte ich nur mit ihm auszumachen. – Wo ist er?
MARINELLI: Der Prinz, meine gnädige Gräfin?
ORSINA: Wer sonst?
MARINELLI: Sie vermuten ihn also hier? wissen ihn hier? – Er wenigstens ist der Gräfin Orsina hier nicht vermutend.
ORSINA: Nicht? So hat er meinen Brief heute Morgen nicht erhalten?
MARINELLI: Ihren Brief? Doch ja; ich erinnere mich, dass er eines Briefes von Ihnen erwähnte.

---

[32] Schmeichler

ORSINA: Nun? habe ich ihn nicht in diesem Briefe auf heute um eine Zusammenkunft hier auf Dosalo gebeten? – Es ist wahr, es hat ihm nicht beliebet, mir schriftlich zu antworten. Aber ich erfuhr, dass er eine Stunde darauf wirklich nach Dosalo abgefahren. Ich glaubte, das sei Antworts genug: und ich komme.

MARINELLI: Ein sonderbarer Zufall!

ORSINA: Zufall? – Sie hören ja, dass es verabredet worden. So gut, als verabredet. Von meiner Seite, der Brief: von seiner, die Tat. – Wie er da steht, der Herr Marchese? Was er für Augen macht! Wundert sich das Gehirnchen? und worüber denn?

MARINELLI: Sie schienen gestern so weit entfernt, dem Prinzen jemals wieder vor die Augen zu kommen.

ORSINA: Bessrer Rat kömmt über Nacht. – Wo ist er? wo ist er? – Was gilts, er ist in dem Zimmer, wo ich das Gequicke, das Gekreusche hörte? – Ich wollte herein, und der Schurke vom Bedienten trat vor.

MARINELLI: Meine liebste, beste Gräfin –

ORSINA: Es war ein weibliches Gekreusche. Was gilts, Marinelli? – O sagen Sie mir doch, sagen Sie mir – wenn ich anders Ihre liebste, beste Gräfin bin – Verdammt, über das Hofgeschmeiß! So viel Worte, so viel Lügen! – Nun was liegt daran, ob Sie mir es voraus sagen, oder nicht? Ich werd es ja wohl sehen. *(Will gehen.)*

MARINELLI *(der sie zurückhält):* Wohin?

ORSINA: Wo ich längst sein sollte. – Denken Sie, dass es schicklich ist, mit Ihnen hier in dem Vorgemache einen elenden Schnickschnack zu halten, indes der Prinz in dem Gemache auf mich wartet?

MARINELLI: Sie irren sich, gnädige Gräfin. Der Prinz erwartet Sie nicht. Der Prinz kann Sie hier nicht sprechen, – will Sie nicht sprechen.

ORSINA: Und wäre doch hier? und wäre doch auf meinen Brief hier?

MARINELLI: Nicht auf Ihren Brief –

ORSINA: Den er ja erhalten, sagen Sie –

MARINELLI: Erhalten, aber nicht gelesen.

ORSINA *(heftig):* Nicht gelesen? – *(Minder heftig.)* Nicht gelesen? – *(Wehmütig, und eine Träne aus dem Auge wischend.)* Nicht einmal gelesen?

MARINELLI: Aus Zerstreuung, weiß ich. – Nicht aus Verachtung.

ORSINA *(stolz):* Verachtung? – Wer denkt daran? – Wem brauchen

Sie das zu sagen? – Sie sind ein unverschämter Tröster, Marinelli! – Verachtung! Verachtung! Mich verachtet man auch! mich! – *(Gelinder, bis zum Tone der Schwermut.)* Freilich liebt er mich nicht mehr. Das ist ausgemacht. Und an die Stelle der Liebe trat in seiner Seele etwas anders. Das ist natürlich. Aber warum denn eben Verachtung? Es braucht ja nur Gleichgültigkeit zu sein. Nicht wahr, Marinelli?

MARINELLI: Allerdings, allerdings.

ORSINA *(höhnisch)*: Allerdings? – O des weisen Mannes, den man sagen lassen kann, was man will! – Gleichgültigkeit! Gleichgültigkeit an die Stelle der Liebe? – Das heißt, Nichts an die Stelle von Etwas. Denn lernen Sie, nachplauderndes Hofmännchen, lernen Sie von einem Weibe, dass Gleichgültigkeit ein leeres Wort, ein bloßer Schall ist, dem nichts, gar nichts entspricht. Gleichgültig ist die Seele nur gegen das, woran sie nicht denkt; nur gegen ein Ding, das für sie kein Ding ist. Und nur gleichgültig für ein Ding, das kein Ding ist, – das ist so viel, als gar nicht gleichgültig. – Ist dir das zu hoch, Mensch?

MARINELLI *(vor sich)*: O weh! wie wahr ist es, was ich fürchtete!

ORSINA: Was murmeln Sie da?

MARINELLI: Lauter Bewunderung! – Und wem ist es nicht bekannt, gnädige Gräfin, dass Sie eine Philosophin sind?

ORSINA: Nicht wahr? – Ja, ja; ich bin eine. – Aber habe ich mir es itzt merken lassen, dass ich eine bin? – O pfui, wenn ich mir es habe merken lassen; und wenn ich mir es öfterer habe merken lassen! Ist es wohl noch Wunder, dass mich der Prinz verachtet? Wie kann ein Mann ein Ding lieben, das, ihm zum Trotze, auch denken will? Ein Frauenzimmer, das denket, ist eben so ekel als ein Mann, der sich schminket. Lachen soll es, nichts als lachen, um immerdar den gestrengen Herrn der Schöpfung bei guter Laune zu erhalten. – Nun, worüber lach ich denn gleich, Marinelli? – Ach, ja wohl! Über den Zufall! dass ich dem Prinzen schreibe, er soll nach Dosalo kommen; dass der Prinz meinen Brief nicht lieset, und dass er doch nach Dosalo kömmt. Ha! ha! ha! Wahrlich ein sonderbarer Zufall! Sehr lustig, sehr närrisch! – Und Sie lachen nicht mit, Marinelli? – Mitlachen kann ja wohl der gestrenge Herr der Schöpfung, ob wir arme Geschöpfe gleich nicht mitdenken dürfen. – *(Ernsthaft und befehlend.)* So lachen Sie doch!

MARINELLI: Gleich, gnädige Gräfin, gleich!

ORSINA: Stock[33]! Und darüber geht der Augenblick
nein, lachen Sie nur nicht. – Denn sehen Sie, M
denkend bis zur Rührung) was mich so herzlich zu ..
das hat auch seine ernsthafte – sehr ernsthafte Seite. Wie and..
der Welt! – Zufall? Ein Zufall wär es, dass der Prinz nicht daran
gedacht, mich hier zu sprechen, und mich doch hier sprechen
muss? Ein Zufall? – Glauben Sie mir, Marinelli: das Wort Zufall
ist Gotteslästerung. Nichts unter der Sonne ist Zufall; – am wenigsten das, wovon die Absicht so klar in die Augen leuchtet. –
Allmächtige, allgütige Vorsicht, vergib mir, dass ich mit diesem
albernen Sünder einen Zufall genennet habe, was so offenbar
dein Werk, wohl gar dein unmittelbares Werk ist! – *(Hastig gegen Marinelli.)* Kommen Sie mir, und verleiten Sie mich noch einmal
zu so einem Frevel!

MARINELLI *(vor sich):* Das geht weit! – Aber gnädige Gräfin –

ORSINA: Still mit dem Aber! Die Aber kosten Überlegung: – und
mein Kopf! mein Kopf! *(Sich mit der Hand die Stirne haltend.)* –
Machen Sie, Marinelli, machen Sie, dass ich ihn bald spreche,
den Prinzen; sonst bin ich es wohl gar nicht im Stande. – Sie
sehen, wir sollen uns sprechen; wir müssen uns sprechen –

Vierter Auftritt

DER PRINZ. ORSINA. MARINELLI

DER PRINZ *(indem er aus dem Kabinette tritt, vor sich):* Ich muss ihm zu
Hülfe kommen –

ORSINA *(die ihn erblickt, aber unentschlüssig bleibt, ob sie auf ihn zugehen soll):* Ha! da ist er.

DER PRINZ *(geht quer über den Saal, bei ihr vorbei, nach den andern
Zimmern, ohne sich im Reden aufzuhalten):* Sieh da! unsere
schöne Gräfin. – Wie sehr betaure ich, Madame, dass ich mir
die Ehre Ihres Besuchs für heute so wenig zu Nutze machen
kann! Ich bin beschäftiget. Ich bin nicht allein. – Ein andermal,

---

[33] ungehobelter Mensch

.neine liebe Gräfin! Ein andermal! – Itzt halten Sie länger sich nicht auf. Ja nicht länger! – Und Sie, Marinelli, ich erwarte Sie. –

Fünfter Auftritt

ORSINA. MARINELLI

MARINELLI: Haben Sie es, gnädige Gräfin, nun von ihm selbst gehört, was Sie mir nicht glauben wollen?
ORSINA *(wie betäubt):* Hab ich? hab ich wirklich?
MARINELLI: Wirklich.
ORSINA *(mit Rührung):* »Ich bin beschäftiget. Ich bin nicht allein.« Ist das die Entschuldigung ganz, die ich wert bin? Wen weiset man damit nicht ab? Jeden Überlästigen, jeden Bettler. Für mich keine einzige Lüge mehr? Keine einzige kleine Lüge mehr, für mich? – Beschäftiget? womit denn? Nicht allein? wer wäre denn bei ihm? – Kommen Sie, Marinelli; aus Barmherzigkeit, lieber Marinelli! Lügen Sie mir eines auf eigene Rechnung vor. Was kostet Ihnen denn eine Lüge? – Was hat er zu tun? Wer ist bei ihm? – Sagen Sie mir; sagen Sie mir, was Ihnen zuerst in den Mund kömmt, – und ich gehe.
MARINELLI *(vor sich):* Mit dieser Bedingung, kann ich ihr ja wohl einen Teil der Wahrheit sagen.
ORSINA: Nun? Geschwind, Marinelli; und ich gehe. – Er sagte ohnedem, der Prinz: »Ein andermal, meine liebe Gräfin!« Sagte er nicht so? – Damit er mir Wort hält, damit er keinen Vorwand hat, mir nicht Wort zu halten: geschwind, Marinelli, Ihre Lüge; und ich gehe.
MARINELLI: Der Prinz, liebe Gräfin, ist wahrlich nicht allein. Es sind Personen bei ihm, von denen er sich keinen Augenblick abmüßigen[34] kann; Personen, die eben einer großen Gefahr entgangen sind. Der Graf Appiani –
ORSINA: Wäre bei ihm? – Schade, dass ich über diese Lüge Sie ertappen muss. Geschwind eine andere. – Denn Graf Appiani, wenn Sie es noch nicht wissen, ist eben von Räubern erschos-

---

34 sich trennen

sen worden. Der Wagen mit seinem Leichname begegnete mir kurz vor der Stadt. – Oder ist er nicht? Hätte es mir bloß geträumet?

MARINELLI: Leider nicht bloß geträumet! – Aber die andern, die mit dem Grafen waren, haben sich glücklich hierher nach dem Schlosse gerettet: seine Braut nämlich, und die Mutter der Braut, mit welchen er nach Sabionetta zu seiner feierlichen Verbindung fahren wollte.

ORSINA: Also die? Die sind bei dem Prinzen? die Braut? und die Mutter der Braut? – Ist die Braut schön?

MARINELLI: Dem Prinzen geht ihr Unfall ungemein nahe.

ORSINA: Ich will hoffen; auch wenn sie hässlich wäre. Denn ihr Schicksal ist schrecklich. – Armes, gutes Mädchen, eben da er dein auf immer werden sollte, wird er dir auf immer entrissen! – Wer ist sie denn, diese Braut? Kenn ich sie gar? – Ich bin so lange aus der Stadt, dass ich von nichts weiß.

MARINELLI: Es ist Emilia Galotti.

ORSINA: Wer? – Emilia Galotti? Emilia Galotti? – Marinelli! dass ich diese Lüge nicht für Wahrheit nehme!

MARINELLI: Wieso?

ORSINA: Emilia Galotti?

MARINELLI: Die Sie schwerlich kennen werden –

ORSINA: Doch! doch! Wenn es auch nur von heute wäre. – Im Ernst, Marinelli? Emilia Galotti? – Emilia Galotti wäre die unglückliche Braut, die der Prinz tröstet?

MARINELLI *(vor sich):* Sollte ich ihr schon zu viel gesagt haben?

ORSINA: Und Graf Appiani war der Bräutigam dieser Braut? der eben erschossene Appiani?

MARINELLI: Nicht anders.

ORSINA: Bravo! o bravo! bravo! *(In die Hände schlagend.)*

MARINELLI: Wie das?

ORSINA: Küssen möcht ich den Teufel, der ihn dazu verleitet hat!

MARINELLI: Wen? verleitet? wozu?

ORSINA: Ja, küssen, küssen möcht ich ihn – Und wenn Sie selbst dieser Teufel wären, Marinelli.

MARINELLI: Gräfin!

ORSINA: Kommen Sie her! Sehen Sie mich an! steif an! Aug in Auge!

MARINELLI: Nun?

ORSINA: Wissen Sie nicht, was ich denke?

MARINELLI: Wie kann ich das?
ORSINA: Haben Sie keinen Anteil daran?
MARINELLI: Woran?
ORSINA: Schwören Sie! – Nein, schwören Sie nicht. Sie möchten eine Sünde mehr begehen – Oder ja; schwören Sie nur. Eine Sünde mehr oder weniger für einen, der doch verdammt ist! – Haben Sie keinen Anteil daran?
MARINELLI: Sie erschrecken mich, Gräfin.
ORSINA: Gewiss? – Nun, Marinelli, argwohnet Ihr gutes Herz auch nichts?
MARINELLI: Was? worüber?
ORSINA: Wohl, – so will ich Ihnen etwas vertrauen; – etwas, das Ihnen jedes Haar auf dem Kopfe zu Berge sträuben soll. – Aber hier, so nahe an der Türe, möchte uns jemand hören. Kommen Sie hieher. – Und! *(Indem sie den Finger auf den Mund legt.)* Hören Sie! ganz in geheim! ganz in geheim! *(Und ihren Mund seinem Ohre nähert, als ob sie ihm zuflüstern wollte, was sie aber sehr laut ihm zuschreiet.)* Der Prinz ist ein Mörder!
MARINELLI: Gräfin, – Gräfin – sind Sie ganz von Sinnen?
ORSINA: Von Sinnen? Ha! ha! ha! *(Aus vollem Halse lachend.)* Ich bin selten, oder nie, mit meinem Verstande so wohl zufrieden gewesen, als eben itzt. – Zuverlässig, Marinelli; – aber es bleibt unter uns – *(leise)* der Prinz ist ein Mörder! des Grafen Appiani Mörder! – Den haben nicht Räuber, den haben Helfershelfer des Prinzen, den hat der Prinz umgebracht!
MARINELLI: Wie kann Ihnen so eine Abscheulichkeit in den Mund, in die Gedanken kommen?
ORSINA: Wie? – Ganz natürlich. – Mit dieser Emilia Galotti, die hier bei ihm ist, – deren Bräutigam so über Hals über Kopf sich aus der Welt trollen müssen, – mit dieser Emilia Galotti hat der Prinz heute Morgen, in der Halle bei den Dominikanern, ein langes und breites gesprochen. Das weiß ich; das haben meine Kundschafter gesehen. Sie haben auch gehört, was er mit ihr gesprochen. – Nun, guter Herr? Bin ich von Sinnen? Ich reime, dächt ich, doch noch so ziemlich zusammen, was zusammen gehört. – Oder trifft auch das nur so von ungefähr zu? Ist Ihnen auch das Zufall? O, Marinelli, so verstehen Sie auf die Bosheit der Menschen sich eben so schlecht, als auf die Vorsicht.
MARINELLI: Gräfin, Sie würden sich um den Hals reden –

ORSINA: Wenn ich das mehrern sagte? – Desto besser, desto besser! – Morgen will ich es auf dem Markte ausrufen. – Und wer mir widerspricht – wer mir widerspricht, der war des Mörders Spießgeselle. – Leben Sie wohl. *(Indem sie fortgehen will, begegnet sie an der Türe dem alten Galotti, der eiligst hereintritt.)*

Sechster Auftritt

ODOARDO GALOTTI. DIE GRÄFIN. MARINELLI

ODOARDO: Verzeihen Sie, gnädige Frau –
ORSINA: Ich habe hier nichts zu verzeihen. Denn ich habe hier nichts übel zu nehmen – An diesen Herrn wenden Sie sich. *(Ihn nach dem Marinelli weisend.)*
MARINELLI *(indem er ihn erblicket, vor sich):* Nun vollends! der Alte! –
ODOARDO: Vergeben Sie, mein Herr, einem Vater, der in der äußersten Bestürzung ist, – dass er so unangemeldet hereintritt.
ORSINA: Vater? *(Kehrt wieder um.)* Der Emilia, ohne Zweifel. – Ha, willkommen!
ODOARDO: Ein Bedienter kam mir entgegengesprengt, mit der Nachricht, dass hierherum die Meinigen in Gefahr wären. Ich fliege herzu, und höre, dass der Graf Appiani verwundet worden; dass er nach der Stadt zurückgekehret; dass meine Frau und Tochter sich in das Schloss gerettet. – Wo sind sie, mein Herr? wo sind sie?
MARINELLI: Sein Sie ruhig, Herr Oberster. Ihrer Gemahlin und Ihrer Tochter ist nichts Übles widerfahren; den Schreck ausgenommen. Sie befinden sich beide wohl. Der Prinz ist bei ihnen. Ich gehe sogleich, Sie zu melden.
ODOARDO: Warum melden? erst melden?
MARINELLI: Aus Ursachen – von wegen – Von wegen des Prinzen. Sie wissen, Herr Oberster, wie Sie mit dem Prinzen stehen. Nicht auf dem freundschaftlichsten Fuße. So gnädig er sich gegen Ihre Gemahlin und Tochter bezeiget: – es sind Damen – Wird darum auch Ihr unvermuteter Anblick ihm gelegen sein?
ODOARDO: Sie haben Recht, mein Herr; Sie haben Recht.
MARINELLI: Aber, gnädige Gräfin, – kann ich vorher die Ehre haben, Sie nach Ihrem Wagen zu begleiten?

ORSINA: Nicht doch, nicht doch.

MARINELLI *(sie bei der Hand nicht unsanft ergreifend):* Erlauben Sie, dass ich meine Schuldigkeit beobachte[35]. –

ORSINA: Nur gemach! – Ich erlasse Sie deren, mein Herr. – Dass doch immer Ihres gleichen Höflichkeit zur Schuldigkeit machen; um was eigentlich ihre Schuldigkeit wäre, als die Nebensache betreiben zu dürfen! – Diesen würdigen Mann je eher je lieber zu melden, das ist Ihre Schuldigkeit.

MARINELLI: Vergessen Sie, was Ihnen der Prinz selbst befohlen?

ORSINA: Er komme, und befehle es mir noch einmal. Ich erwarte ihn.

MARINELLI *(leise zu dem Obersten, den er beiseite ziehet):* Mein Herr, ich muss Sie hier mit einer Dame lassen, die – der – mit deren Verstande – Sie verstehen mich. Ich sage Ihnen dieses, damit Sie wissen, was Sie auf ihre Reden zu geben haben, – deren sie oft sehr seltsame führet. Am besten, Sie lassen sich mit ihr nicht ins Wort.

ODOARDO: Recht wohl. – Eilen Sie nur, mein Herr.

Siebenter Auftritt

DIE GRÄFIN ORSINA. ODOARDO GALOTTI

ORSINA *(nach einigem Stillschweigen, unter welchem sie den Obersten mit Mitleid betrachtet; so wie er sie, mit einer flüchtigen Neugierde):* Was er Ihnen auch da gesagt hat, unglücklicher Mann! –

ODOARDO *(halb vor sich, halb gegen sie):* Unglücklicher?

ORSINA: Eine Wahrheit war es gewiss nicht; – am wenigsten eine von denen, die auf Sie warten.

ODOARDO: Auf mich warten? – Weiß ich nicht schon genug? – Madame! – Aber, reden Sie nur, reden Sie nur.

ORSINA: Sie wissen nichts.

ODOARDO: Nichts?

ORSINA: Guter, lieber Vater! – Was gäbe ich darum, wann Sie auch mein Vater wären! – Verzeihen Sie! die Unglücklichen ketten sich so gern aneinander. – Ich wollte treulich Schmerz und Wut mit Ihnen teilen.

---

[35] hier: erfüllen

ODOARDO: Schmerz und Wut? Madame! – Aber ich vergesse – Reden Sie nur.

ORSINA: Wenn es gar Ihre einzige Tochter – Ihr einziges Kind wäre! – Zwar einzig, oder nicht. Das unglückliche Kind, ist immer das einzige.

ODOARDO: Das unglückliche? – Madame! – Was will ich von ihr? – Doch, bei Gott, so spricht keine Wahnwitzige!

ORSINA: Wahnwitzige? Das war es also, was er Ihnen von mir vertraute? – Nun, nun; es mag leicht keine von seinen gröbsten Lügen sein. – Ich fühle so was! – Und glauben Sie, glauben Sie mir; wer über gewisse Dinge den Verstand nicht verlieret, der hat keinen zu verlieren. –

ODOARDO: Was soll ich denken?

ORSINA: Dass Sie mich also ja nicht verachten! – Denn auch Sie haben Verstand, guter Alter; auch Sie. – Ich seh es an dieser entschlossenen, ehrwürdigen Miene. Auch Sie haben Verstand; und es kostet mich ein Wort, – so haben Sie keinen.

ODOARDO: Madame! – Madame! – Ich habe schon keinen mehr, noch ehe Sie mir dieses Wort sagen, wenn Sie mir es nicht bald sagen. – Sagen Sie es! sagen Sie es! – Oder es ist nicht wahr, – es nicht nicht wahr, dass Sie von jener guten, unsres Mitleids, unsrer Hochachtung so würdigen Gattung der Wahnwitzigen sind – Sie sind eine gemeine Törin. Sie haben nicht, was Sie nie hatten.

ORSINA: So merken Sie auf! – Was wissen Sie, der Sie schon genug wissen wollen? Dass Appiani verwundet worden? Nur verwundet? – Appiani ist tot!

ODOARDO: Tot? tot? – Ha, Frau, das ist wider die Abrede. Sie wollten mich um den Verstand bringen: und Sie brechen mir das Herz.

ORSINA: Das beiher[36]! – Nur weiter. – Der Bräutigam ist tot: und die Braut – Ihre Tochter – schlimmer als tot.

ODOARDO: Schlimmer? schlimmer als tot? – Aber doch zugleich, auch tot? – Denn ich kenne nur Ein Schlimmeres –

ORSINA: Nicht zugleich auch tot. Nein, guter Vater, nein! – Sie lebt, sie lebt. Sie wird nun erst recht anfangen zu leben. – Ein Leben voll Wonne! Das schönste, lustigste Schlaraffenleben, – so lang es dauert.

ODOARDO: Das Wort, Madame; das einzige Wort, das mich um den

---

36 nebenbei

Verstand bringen soll! heraus damit! – Schütten Sie nicht Ihren Tropfen Gift in einen Eimer. – Das einzige Wort! geschwind.

ORSINA: Nun da; buchstabieren Sie es zusammen! – Des Morgens, sprach der Prinz Ihre Tochter in der Messe; des Nachmittags, hat er sie auf seinem Lust – Lustschlosse.

ODOARDO: Sprach sie in der Messe? Der Prinz meine Tochter?

ORSINA: Mit einer Vertraulichkeit! mit einer Inbrunst! – Sie hatten nichts Kleines abzureden. Und recht gut, wenn es abgeredet worden; recht gut, wenn Ihre Tochter freiwillig sich hierher gerettet! Sehen Sie: so ist es doch keine gewaltsame Entführung; sondern bloß ein kleiner – kleiner Meuchelmord.

ODOARDO: Verleumdung! verdammte Verleumdung! Ich kenne meine Tochter. Ist es Meuchelmord: so ist es auch Entführung.– *(Blickt wild um sich, und stampft, und schäumet.)* Nun, Claudia? Nun, Mütterchen? – Haben wir nicht Freude erlebt! O des gnädigen Prinzen! O der ganz besondern Ehre!

ORSINA: Wirkt es, Alter! wirkt es?

ODOARDO: Da steh ich nun vor der Höhle des Räubers – *(Indem er den Rock von beiden Seiten auseinander schlägt, und sich ohne Gewehr sieht.)* Wunder, dass ich aus Eilfertigkeit nicht auch die Hände zurückgelassen! – *(An alle Schubsäcke[37] fühlend, als etwas suchend.)* Nichts! gar nichts! nirgends!

ORSINA: Ha, ich verstehe! – Damit kann ich aushelfen! – Ich hab einen mitgebracht. *(Einen Dolch hervorziehend.)* Da nehmen Sie! Nehmen Sie geschwind, eh uns jemand sieht. – Auch hätte ich noch etwas, – Gift. Aber Gift ist nur für uns Weiber; nicht für Männer. – Nehmen Sie ihn! *(Ihm den Dolch aufdringend.)* Nehmen Sie!

ODOARDO: Ich danke, ich danke. – Liebes Kind, wer wieder sagt, dass du eine Närrin bist, der hat es mit mir zu tun.

ORSINA: Stecken Sie beiseite! geschwind beiseite! – Mir wird die Gelegenheit versagt, Gebrauch davon zu machen. Ihnen wird sie nicht fehlen, diese Gelegenheit: und Sie werden sie ergreifen, die erste, die beste, – wenn Sie ein Mann sind. – Ich, ich bin nur ein Weib: aber so kam ich her! fest entschlossen! – Wir, Alter, wir können uns alles vertrauen. Denn wir sind beide beleidiget; von dem nämlichen Verführer beleidiget. – Ah, wenn Sie wüssten, –

---

[37] Taschen, in die man etwas hineinschiebt

wenn Sie wüssten, wie überschwänglich, wie unaussprechlich, wie unbegreiflich ich von ihm beleidiget worden, und noch werde: – Sie könnten, Sie würden Ihre eigene Beleidigung darüber vergessen. – Kennen Sie mich? Ich bin Orsina; die betrogene, verlassene Orsina. – Zwar vielleicht nur um Ihre Tochter verlassen. – Doch was kann Ihre Tochter dafür? – Bald wird auch sie verlassen sein. – Und dann wieder eine! – Und wieder eine! – Ha! *(wie in der Entzückung)* welch eine himmlische Phantasie! Wann wir einmal alle, – wir, das ganze Heer der Verlassenen, – wir alle in Bacchantinnen[38], in Furien[39] verwandelt, wenn wir alle ihn unter uns hätten, ihn unter uns zerrissen, zerfleischten, sein Eingeweide durchwühlten, – um das Herz zu finden, das der Verräter einer jeden versprach, und keiner gab! Ha! das sollte ein Tanz werden! das sollte!

Achter Auftritt

CLAUDIA GALOTTI. DIE VORIGEN

CLAUDIA *(die im Hereintreten sich umsiehet, und sobald sie ihren Gemahl erblickt, auf ihn zuflieget):* Erraten! – Ah, unser Beschützer, unser Retter! Bist du da, Odoardo? Bist du da? – Aus ihren Wispern, aus ihren Mienen schloss ich es. – Was soll ich dir sagen, wenn du noch nichts weißt? – Was soll ich dir sagen, wenn du schon alles weißt? – Aber wir sind unschuldig. Ich bin unschuldig. Deine Tochter ist unschuldig. Unschuldig, in allem unschuldig!

ODOARDO *(der sich bei Erblickung seiner Gemahlin zu fassen gesucht):* Gut, gut. Sei nur ruhig, nur ruhig, – und antworte mir. *(Gegen die Orsina.)* Nicht Madame, als ob ich noch zweifelte – Ist der Graf tot?

CLAUDIA: Tot.

ODOARDO: Ist es wahr, dass der Prinz heute Morgen Emilien in der Messe gesprochen?

---

38 ausschweifende Begleiterinnen des antiken Wein- und Fruchtbarkeitsgottes Bacchus

39 antike Rachegöttinnen

CLAUDIA: Wahr! Aber wenn du wüsstest, welchen Schreck es ihr verursacht; in welcher Bestürzung sie nach Hause kam –

ORSINA: Nun, hab ich gelogen?

ODOARDO *(mit einem bittern Lachen):* Ich wollt auch nicht, Sie hätten! Um wie vieles nicht!

ORSINA: Bin ich wahnwitzig?

ODOARDO *(wild hin und her gehend):* O, – noch bin ich es auch nicht.

CLAUDIA: Du gebotest mir ruhig zu sein; und ich bin ruhig. – Bester Mann, darf auch ich – ich dich bitten –

ODOARDO: Was willst du? Bin ich nicht ruhig? Kann man ruhiger sein, als ich bin? – *(Sich zwingend.)* Weiß es Emilia, dass Appiani tot ist?

CLAUDIA: Wissen kann sie es nicht. Aber ich fürchte, dass sie es argwohnet; weil er nicht erscheinet. –

ODOARDO: Und sie jammert und winselt –

CLAUDIA: Nicht mehr. – Das ist vorbei: nach Ihrer Art, die du kennest. Sie ist die Furchtsamste und Entschlossenste unsers Geschlechts. Ihrer ersten Eindrücke nie mächtig; aber nach der geringsten Überlegung, in alles sich findend, auf alles gefasst. Sie hält den Prinzen in einer Entfernung; sie spricht mit ihm in einem Tone – Mache nur, Odoardo, dass wir wegkommen.

ODOARDO: Ich bin zu Pferde. – Was zu tun? – Doch, Madame, Sie fahren ja nach der Stadt zurück?

ORSINA: Nicht anders.

ODOARDO: Hätten Sie wohl die Gewogenheit, meine Frau mit sich zu nehmen?

ORSINA: Warum nicht? Sehr gern.

ODOARDO: Claudia, – *(ihr die Gräfin bekannt machend.)* Die Gräfin Orsina; eine Dame von großem Verstande; meine Freundin, meine Wohltäterin. – Du musst mit ihr herein; um uns sogleich den Wagen herauszuschicken. Emilia darf nicht wieder nach Guastalla. Sie soll mit mir.

CLAUDIA: Aber – wenn nur – Ich trenne mich ungern von dem Kinde.

ODOARDO: Bleibt der Vater nicht in der Nähe? Man wird ihn endlich doch vorlassen. Keine Einwendung! – Kommen Sie, gnädige Frau. *(Leise zu ihr.)* Sie werden von mir hören. – Komm, Claudia. *(Er führt sie ab.)*

Fünfter Aufzug

(Die Szene bleibt.)

Erster Auftritt

MARINELLI. DER PRINZ

MARINELLI: Hier, gnädiger Herr, aus diesem Fenster können Sie ihn sehen. Er geht die Arkade auf und nieder. – Eben biegt er ein; er kömmt. – Nein, er kehrt wieder um. – Ganz einig ist er mit sich noch nicht. Aber um ein großes ruhiger ist er, – oder scheinet er. Für uns gleichviel! – Natürlich! Was ihm auch beide Weiber in den Kopf gesetzt haben, wird er es wagen zu äußern? – Wie Battista gehört, soll ihm seine Frau den Wagen sogleich heraussenden. Denn er kam zu Pferde. – Geben Sie Acht, wenn er nun vor Ihnen erscheinet, wird er ganz untertänigst Eurer Durchlaucht für den gnädigen Schutz danken, den seine Familie bei diesem so traurigen Zufalle hier gefunden; wird sich, mit samt seiner Tochter, zu fernerer Gnade empfehlen; wird sie ruhig nach der Stadt bringen, und es in tiefster Unterwerfung erwarten, welchen weitern Anteil Euer Durchlaucht an seinem unglücklichen, lieben Mädchen zu nehmen geruhen wollen.

DER PRINZ: Wenn er nun aber so zahm nicht ist? Und schwerlich, schwerlich wird er es sein. Ich kenne ihn zu gut. – Wenn er höchstens seinen Argwohn erstickt, seine Wut verbeißt: aber Emilien, anstatt sie nach der Stadt zu führen, mit sich nimmt? bei sich behält? oder wohl gar in ein Kloster, außer meinem Gebiete, verschließt? Wie dann?

MARINELLI: Die fürchtende Liebe sieht weit. Wahrlich! – Aber er wird ja nicht –

DER PRINZ: Wenn er nun aber! Wie dann? Was wird es uns dann helfen, dass der unglückliche Graf sein Leben darüber verloren?

MARINELLI: Wozu dieser traurige Seitenblick? Vorwärts! denkt der Sieger: es falle neben ihm Feind oder Freund. – Und wenn auch! Wenn er es auch wollte, der alte Neidhart[40], was Sie von ihm fürchten, Prinz – *(Überlegend.)* Das geht! Ich hab es! – Weiter als

---

40 streitbarer Kämpfer

zum Wollen, soll er es gewiss nicht bringen. Gewiss nicht! – Aber dass wir ihn nicht aus dem Gesichte verlieren. – *(Tritt wieder ans Fenster.)* Bald hätt er uns überrascht! Er kömmt. – Lassen Sie uns ihm noch ausweichen: und hören Sie erst, Prinz, was wir auf den zu befürchtenden Fall tun müssen.
DER PRINZ *(drohend):* Nur, Marinelli! –
MARINELLI: Das Unschuldigste von der Welt!

Zweiter Auftritt

ODOARDO GALOTTI

Noch niemand hier? – Gut; ich soll noch kälter werden. Es ist mein Glück. – Nichts verächtlicher, als ein brausender Jünglingskopf mit grauen Haaren! Ich hab es mir so oft gesagt. Und doch ließ ich mich fortreißen: und von wem? Von einer Eifersüchtigen; von einer für Eifersucht Wahnwitzigen. – Was hat die gekränkte Tugend mit der Rache des Lasters zu schaffen? Jene allein hab ich zu retten. – Und deine Sache, – mein Sohn! mein Sohn! – Weinen konnt ich nie; – und will es nun nicht erst lernen – Deine Sache wird ein ganz anderer zu seiner machen! Genug für mich, wenn dein Mörder die Frucht seines Verbrechens nicht genießt. – Dies martere ihn mehr, als das Verbrechen! Wenn nun bald ihn Sättigung und Ekel von Lüsten zu Lüsten treiben; so vergälle[41] die Erinnerung, diese eine Lust nicht gebüßet zu haben, ihm den Genuss aller! In jedem Traume führe der blutige Bräutigam ihm die Braut vor das Bette; und wann er dennoch den wollüstigen Arm nach ihr ausstreckt: so höre er plötzlich das Hohngelächter der Hölle, und erwache!

Dritter Auftritt

MARINELLI. ODOARDO GALOTTI

MARINELLI: Wo blieben Sie, mein Herr? wo blieben Sie?
ODOARDO: War meine Tochter hier?
MARINELLI: Nicht sie: aber der Prinz.

---

41 verbittern

ODOARDO: Er verzeihe. – Ich habe die Gräfin begleitet.
MARINELLI: Nun?
ODOARDO: Die gute Dame!
MARINELLI: Und Ihre Gemahlin?
ODOARDO: Ist mit der Gräfin; – um uns den Wagen sogleich herauszusenden. Der Prinz vergönne nur, dass ich mich so lange mit meiner Tochter noch hier verweile.
MARINELLI: Wozu diese Umstände? Würde sich der Prinz nicht ein Vergnügen daraus gemacht haben, sie beide, Mutter und Tochter, selbst nach der Stadt zu bringen?
ODOARDO: Die Tochter wenigstens würde diese Ehre haben verbitten müssen.
MARINELLI: Wieso?
ODOARDO: Sie soll nicht mehr nach Guastalla.
MARINELLI: Nicht? und warum nicht?
ODOARDO: Der Graf ist tot.
MARINELLI: Um so viel mehr –
ODOARDO: Sie soll mit mir.
MARINELLI: Mit Ihnen?
ODOARDO: Mit mir. Ich sage Ihnen ja, der Graf ist tot. – Wenn Sie es noch nicht wissen – Was hat sie nun weiter in Guastalla zu tun? – Sie soll mit mir.
MARINELLI: Allerdings wird der künftige Aufenthalt der Tochter einzig von dem Willen des Vaters abhangen. Nur vors Erste –
ODOARDO: Was vors Erste?
MARINELLI: Werden Sie wohl erlauben müssen, Herr Oberster, dass sie nach Guastalla gebracht wird.
ODOARDO: Meine Tochter? nach Guastalla gebracht wird? und warum?
MARINELLI: Warum? Erwägen Sie doch nur –
ODOARDO *(hitzig):* Erwägen! erwägen! Ich erwäge, dass hier nichts zu erwägen ist. – Sie soll, sie muss mit mir.
MARINELLI: O mein Herr, – was brauchen wir, uns hierüber zu ereifern? Es kann sein, dass ich mich irre; dass es nicht nötig ist, was ich für nötig halte. – Der Prinz wird es am besten zu beurteilen wissen. Der Prinz entscheide. – Ich geh und hole ihn.

Vierter Auftritt

ODOARDO GALOTTI

Wie? – Nimmermehr! – Mir vorschreiben, wo sie hin soll? – Mir sie vorenthalten? – Wer will das? Wer darf das? – Der hier alles darf, was er will? Gut, gut; so soll er sehen, wie viel auch ich darf, ob ich es schon nicht dürfte! Kurzsichtiger Wüterich! Mit dir will ich es wohl aufnehmen. Wer kein Gesetz achtet, ist eben so mächtig, als wer kein Gesetz hat. Das weißt du nicht? Komm an! komm an! – Aber, sieh da! Schon wieder; schon wieder rennet der Zorn mit dem Verstande davon. – Was will ich? Erst müsst es doch geschehen sein, worüber ich tobe. Was plaudert nicht eine Hofschranze[42]! Und hätte ich ihn doch nur plaudern lassen! Hätte ich seinen Vorwand, warum sie wieder nach Guastalla soll, doch nur angehört! – So könnte ich mich itzt auf eine Antwort gefasst machen. – Zwar auf welchen kann mir eine fehlen? – Sollte sie mir aber fehlen; sollte sie – Man kömmt. Ruhig, alter Knabe, ruhig!

Fünfter Auftritt

DER PRINZ. MARINELLI. ODOARDO GALOTTI

DER PRINZ: Ah, mein lieber, rechtschaffner Galotti, – so etwas muss auch geschehen, wenn ich Sie bei mir sehen soll. Um ein Geringeres tun Sie es nicht. Doch keine Vorwürfe!

ODOARDO: Gnädiger Herr, ich halte es in allen Fällen für unanständig, sich zu seinem Fürsten zu drängen. Wen er kennt, den wird er fodern[43] lassen, wenn er seiner bedarf. Selbst itzt bitte ich um Verzeihung –

DER PRINZ: Wie manchem andern wollte ich diese stolze Bescheidenheit wünschen! – Doch zur Sache. Sie werden begierig sein, Ihre Tochter zu sehen. Sie ist in neuer Unruhe, wegen der plötzlichen Entfernung einer so zärtlichen Mutter. – Wozu auch diese Entfernung? Ich wartete nur, dass die liebenswürdige Emilie sich völlig erholet hätte, um beide im Triumphe nach

---

42 abschätzig für ‚Höfling'
43 vorladen

der Stadt zu bringen. Sie haben mir diesen Triumph um die Hälfte verkümmert; aber ganz werde ich mir ihn nicht nehmen lassen.

ODOARDO: Zu viel Gnade! – Erlauben Sie, Prinz, dass ich meinem unglücklichen Kinde alle die mannichfaltigen Kränkungen erspare, die Freund und Feind, Mitleid und Schadenfreude in Guastalla für sie bereit halten.

DER PRINZ: Um die süßen Kränkungen des Freundes und des Mitleids, würde es Grausamkeit sein, sie zu bringen. Dass aber die Kränkungen des Feindes und der Schadenfreude sie nicht erreichen sollen; dafür, lieber Galotti, lassen Sie mich sorgen.

ODOARDO: Prinz, die väterliche Liebe teilet ihre Sorgen nicht gern. – Ich denke, ich weiß es, was meiner Tochter in ihren itzigen Umständen einzig ziemet. – Entfernung aus der Welt; – ein Kloster, – sobald als möglich.

DER PRINZ: Ein Kloster?

ODOARDO: Bis dahin weine sie unter den Augen ihres Vaters.

DER PRINZ: So viel Schönheit soll in einem Kloster verblühen? – Darf eine einzige fehlgeschlagene Hoffnung uns gegen die Welt so unversöhnlich machen? – Doch allerdings: dem Vater hat niemand einzureden. Bringen Sie Ihre Tochter, Galotti, wohin Sie wollen.

ODOARDO *(gegen Marinelli):* Nun, mein Herr?

MARINELLI: Wenn Sie mich so gar auffodern! –

ODOARDO: O mit nichten, mit nichten.

DER PRINZ: Was haben Sie beide?

ODOARDO: Nichts, gnädiger Herr, nichts. – Wir erwägen bloß, welcher von uns sich in Ihnen geirret hat.

DER PRINZ: Wieso? – Reden Sie, Marinelli.

MARINELLI: Es geht mir nahe, der Gnade meines Fürsten in den Weg zu treten. Doch wenn die Freundschaft gebietet, vor allem in ihm den Richter aufzufodern –

DER PRINZ: Welche Freundschaft? –

MARINELLI: Sie wissen, gnädiger Herr, wie sehr ich den Grafen Appiani liebte; wie sehr unser beider Seelen ineinander verwebt schienen –

ODOARDO: Das wissen Sie, Prinz? So wissen Sie es wahrlich allein.

MARINELLI: Von ihm selbst zu seinem Rächer bestellet –

ODOARDO: Sie?

MARINELLI: Fragen Sie nur Ihre Gemahlin. Marinelli, der Name Marinelli war das letzte Wort des sterbenden Grafen: und in einem Tone! in einem Tone! – Dass er mir nie aus dem Gehöre komme dieser schreckliche Ton, wenn ich nicht alles anwende, dass seine Mörder entdeckt und bestraft werden!

DER PRINZ: Rechnen Sie auf meine kräftigste Mitwirkung.

ODOARDO: Und meine heißesten Wünsche! – Gut, gut! – Aber was weiter?

DER PRINZ: Das frag ich, Marinelli.

MARINELLI: Man hat Verdacht, dass es nicht Räuber gewesen, welche den Grafen angefallen.

ODOARDO *(höhnisch):* Nicht? wirklich nicht?

MARINELLI: Dass ein Nebenbuhler ihn aus dem Wege räumen lassen.

ODOARDO *(bitter):* Ei! ein Nebenbuhler?

MARINELLI: Nicht anders.

ODOARDO: Nun dann, – Gott verdamm ihn den meuchelmörderschen Buben!

MARINELLI: Ein Nebenbuhler, und ein begünstigter Nebenbuhler –

ODOARDO: Was? ein begünstigter? – Was sagen Sie?

MARINELLI: Nichts, als was das Gerüchte verbreitet.

ODOARDO: Ein begünstigter? von meiner Tochter begünstigter?

MARINELLI: Das ist gewiss nicht. Das kann nicht sein. Dem widersprech ich, trotz Ihnen. – Aber bei dem allen, gnädiger Herr, – Denn das gegründetste[44] Vorurteil wieget auf der Waage der Gerechtigkeit so viel als nichts – bei dem allen wird man doch nicht umhin können, die schöne Unglückliche darüber zu vernehmen.

DER PRINZ: Jawohl, allerdings.

MARINELLI: Und wo anders? wo kann das anders geschehen, als in Guastalla?

DER PRINZ: Da haben Sie Recht, Marinelli; da haben Sie Recht. – Ja so: das verändert die Sache, lieber Galotti. Nicht wahr? Sie sehen selbst –

ODOARDO: O ja, ich sehe – Ich sehe, was ich sehe. – Gott! Gott!

DER PRINZ: Was ist Ihnen? was haben Sie mit sich?

ODOARDO: Dass ich es nicht vorausgesehen, was ich da sehe. Das ärgert mich: weiter nichts. – Nun ja; sie soll wieder nach

---

44 begründetste

Guastalla. Ich will sie wieder zu ihrer Mutter bringen: und bis die strengste Untersuchung sie frei gesprochen, will ich selbst aus Guastalla nicht weichen. Denn wer weiß, – *(mit einem bittern Lachen)* wer weiß, ob die Gerechtigkeit nicht auch nötig findet, mich zu vernehmen.

MARINELLI: Sehr möglich! In solchen Fällen tut die Gerechtigkeit lieber zu viel, als zu wenig. – Daher fürchte ich sogar –

DER PRINZ: Was? was fürchten Sie?

MARINELLI: Man werde vor der Hand nicht verstatten[45] können, dass Mutter und Tochter sich sprechen.

ODOARDO: Sich nicht sprechen?

MARINELLI: Man werde genötigt sein, Mutter und Tochter zu trennen.

ODOARDO: Mutter und Tochter zu trennen?

MARINELLI: Mutter und Tochter und Vater. Die Form des Verhörs erfodert diese Vorsichtigkeit schlechterdings. Und es tut mir Leid, gnädiger Herr, dass ich mich gezwungen sehe, ausdrücklich darauf anzutragen[46], wenigstens Emilien in eine besondere Verwahrung zu bringen.

ODOARDO: Besondere Verwahrung? – Prinz! Prinz! – Doch ja; freilich, freilich! Ganz recht: in eine besondere Verwahrung! Nicht, Prinz? nicht? – O wie fein die Gerechtigkeit ist! Vortrefflich! *(Fährt schnell nach dem Schubsacke, in welchem er den Dolch hat.)*

DER PRINZ *(schmeichelhaft auf ihn zutretend):* Fassen Sie sich, lieber Galotti –

ODOARDO *(beiseite, indem er die Hand leer wieder herauszieht):* Das sprach sein Engel!

DER PRINZ: Sie sind irrig; Sie verstehen ihn nicht. Sie denken bei dem Worte Verwahrung, wohl gar an Gefängnis und Kerker.

ODOARDO: Lassen Sie mich daran denken: und ich bin ruhig!

DER PRINZ: Kein Wort von Gefängnis, Marinelli! Hier ist die Strenge der Gesetze mit der Achtung gegen unbescholtene Tugend leicht zu vereinigen. Wenn Emilia in besondere Verwahrung gebracht werden muss: so weiß ich schon – die alleranständigste. Das Haus meines Kanzlers – Keinen Widerspruch, Marinelli! – Da will

---

45 gestatten
46 darauf bestehen zu müssen

ich sie selbst hinbringen, da will ich sie der Aufsicht einer der würdigsten Damen übergeben. Die soll mir für sie bürgen, haften. – Sie gehen zu weit, Marinelli, wirklich zu weit, wenn Sie mehr verlangen. – Sie kennen doch, Galotti, meinen Kanzler Grimaldi, und seine Gemahlin?

ODOARDO: Was sollt ich nicht? Sogar die liebenswürdigen Töchter dieses edeln Paares kenn ich. Wer kennt sie nicht? – *(Zu Marinelli.)* Nein, mein Herr, geben Sie das nicht zu. Wenn Emilia verwahret werden muss: so müsse sie in dem tiefsten Kerker verwahret werden. Dringen Sie darauf; ich bitte Sie. – Ich Tor, mit meiner Bitte! ich alter Geck! – Ja wohl hat sie Recht die gute Sibylle[47]. Wer über gewisse Dinge seinen Verstand nicht verlieret, der hat keinen zu verlieren!

DER PRINZ: Ich verstehe Sie nicht. – Lieber Galotti, was kann ich mehr tun? – Lassen Sie es dabei: ich bitte Sie. – Ja, ja, in das Haus meines Kanzlers! da soll sie hin; da bring ich sie selbst hin; und wenn ihr da nicht mit der äußersten Achtung begegnet wird, so hat mein Wort nichts gegolten. Aber sorgen Sie nicht. – Dabei bleibt es! dabei bleibt es! – Sie selbst, Galotti, mit sich, können es halten, wie Sie wollen. Sie können uns nach Guastalla folgen; Sie können nach Sabionetta zurückkehren: wie Sie wollen. Es wäre lächerlich, Ihnen vorzuschreiben. – Und nun, auf Wiedersehen, lieber Galotti! – Kommen Sie, Marinelli: es wird spät.

ODOARDO *(der in tiefen Gedanken gestanden):* Wie? so soll ich sie gar nicht sprechen meine Tochter? Auch hier nicht? – Ich lasse mir ja alles gefallen; ich finde ja alles ganz vortrefflich. Das Haus eines Kanzlers ist natürlicherweise eine Freistatt[48] der Tugend. O, gnädiger Herr, bringen Sie ja meine Tochter dahin; nirgends anders als dahin. – Aber sprechen wollt ich sie doch gern vorher. Der Tod des Grafen ist ihr noch unbekannt. Sie wird nicht begreifen können, warum man sie von ihren Eltern trennet. Ihr jenen auf gute Art beizubringen; sie dieser Trennung wegen zu beruhigen: – muss ich sie sprechen, gnädiger Herr, muss ich sie sprechen.

DER PRINZ: So kommen Sie denn –

ODOARDO: O, die Tochter kann auch wohl zu dem Vater kommen.

---

47 Name weissagender Frauen in der Antike, die die Wahrheit verkünden.
48 ungefährdeter Ort

– Hier, unter vier Augen, bin ich gleich mit ihr fertig. Senden Sie mir sie nur, gnädiger Herr.

DER PRINZ: Auch das! – O Galotti, wenn Sie mein Freund, mein Führer, mein Vater sein wollten! *(Der Prinz und Marinelli gehen ab.)*

Sechster Auftritt

ODOARDO GALOTTI

(Ihm nachsehend; nach einer Pause): Warum nicht? – Herzlich gern – Ha! ha! ha! – *(Blickt wild umher.)* Wer lacht da? – Bei Gott, ich glaub, ich war es selbst. – Schon recht! Lustig, lustig. Das Spiel geht zu Ende. So, oder so! – Aber – *(Pause)* wenn sie mit ihm sich verstünde? Wenn es das alltägliche Possenspiel wäre? Wenn sie es nicht wert wäre, was ich für sie tun will? – *(Pause)* Für sie tun will? Was will ich denn für sie tun? – Hab ich das Herz, es mir zu sagen? – Da denk ich so was: So was, was sich nur denken lässt. – Grässlich! Fort, fort! Ich will sie nicht erwarten. Nein! – *(Gegen den Himmel.)* Wer sie unschuldig in diesen Abgrund gestürzt hat, der ziehe sie wieder heraus. Was braucht er meine Hand dazu? Fort! *(Er will gehen und sieht Emilien kommen.)* Zu spät! Ah! er will meine Hand; er will sie!

Siebenter Auftritt

EMILIA. ODOARDO

EMILIA: Wie? Sie hier, mein Vater? – Und nur Sie? – Und meine Mutter? nicht hier? – Und der Graf? nicht hier? – Und Sie so unruhig, mein Vater?

ODOARDO: Und du so ruhig, meine Tochter?

EMILIA: Warum nicht, mein Vater? – Entweder ist nichts verloren: oder alles. Ruhig sein können, und ruhig sein müssen: kömmt es nicht auf eines?

ODOARDO: Aber, was meinest du, dass der Fall ist?

EMILIA: Dass alles verloren ist; – und dass wir wohl ruhig sein müssen, mein Vater.

ODOARDO: Und du wärest ruhig, weil du ruhig sein musst? – Wer bist du? Ein Mädchen? und meine Tochter? So sollte der Mann, und der Vater sich wohl vor dir schämen? – Aber lass doch hören: was nennest du, alles verloren? – dass der Graf tot ist?

EMILIA: Und warum er tot ist! Warum! – Ha, so ist es wahr, mein Vater? So ist sie wahr die ganze schreckliche Geschichte, die ich in dem nassen und wilden Auge meiner Mutter las? – Wo ist meine Mutter? Wo ist sie hin, mein Vater?

ODOARDO: Voraus; – wann wir anders ihr nachkommen.

EMILIA: Je eher, je besser. Denn wenn der Graf tot ist; wenn er darum tot ist – darum! was verweilen wir noch hier? Lassen Sie uns fliehen, mein Vater!

ODOARDO: Fliehen? – Was hätt es dann für Not? – Du bist, du bleibst in den Händen deines Räubers.

EMILIA: Ich bleibe in seinen Händen?

ODOARDO: Und allein; ohne deine Mutter; ohne mich.

EMILIA: Ich allein in seinen Händen? – Nimmermehr, mein Vater. – Oder Sie sind nicht mein Vater. – Ich allein in seinen Händen? – Gut, lassen Sie mich nur; lassen Sie mich nur. – Ich will doch sehn, wer mich hält, – wer mich zwingt, – wer der Mensch ist, der einen Menschen zwingen kann.

ODOARDO: Ich meine, du bist ruhig, mein Kind.

EMILIA: Das bin ich. Aber was nennen Sie ruhig sein? Die Hände in den Schoß legen? Leiden, was man nicht sollte? Dulden, was man nicht dürfte?

ODOARDO: Ha! wenn du so denkst! – Lass dich umarmen, meine Tochter! – Ich hab es immer gesagt: das Weib wollte die Natur zu ihrem Meisterstücke machen. Aber sie vergriff sich im Tone; sie nahm ihn zu fein. Sonst ist alles besser an euch, als an uns. – Ha, wenn das deine Ruhe ist: so habe ich meine in ihr wiedergefunden! Lass dich umarmen, meine Tochter! – Denke nur: unter dem Vorwande einer gerichtlichen Untersuchung, – o des höllischen Gaukelspieles! – reißt er dich aus unsern Armen, und bringt dich zur Grimaldi.

EMILIA: Reißt mich? bringt mich? – Will mich reißen; will mich bringen: will! will! – Als ob wir, wir keinen Willen hätten, mein Vater!

ODOARDO: Ich ward auch so wütend, dass ich schon nach diesem Dolche griff, *(ihn herausziehend)* um einem von beiden – beiden! – das Herz zu durchstoßen.

EMILIA: Um des Himmels willen nicht, mein Vater! – Dieses Leben ist alles, was die Lasterhaften haben. – Mir, mein Vater, mir geben Sie diesen Dolch.

ODOARDO: Kind, es ist keine Haarnadel.

EMILIA: So werde die Haarnadel zum Dolche! – Gleichviel.

ODOARDO: Was? Dahin wär es gekommen? Nicht doch; nicht doch! Besinne dich. – Auch du hast nur Ein Leben zu verlieren.

EMILIA: Und nur Eine Unschuld!

ODOARDO: Die über alle Gewalt erhaben ist. –

EMILIA: Aber nicht über alle Verführung. – Gewalt! Gewalt! wer kann der Gewalt nicht trotzen? Was Gewalt heißt, ist nichts. Verführung ist die wahre Gewalt. – Ich habe Blut, mein Vater; so jugendliches, so warmes Blut, als eine. Auch meine Sinne, sind Sinne. Ich stehe für nichts. Ich bin für nichts gut. Ich kenne das Haus der Grimaldi. Es ist das Haus der Freude. Eine Stunde da, unter den Augen meiner Mutter; – und es erhob sich so mancher Tumult in meiner Seele, den die strengsten Übungen der Religion kaum in Wochen besänftigen konnten! – Der Religion! Und welcher Religion? – Nichts Schlimmers zu vermeiden, sprangen Tausende in die Fluten, und sind Heilige! – Geben Sie mir, mein Vater, geben Sie mir diesen Dolch.

ODOARDO: Und wenn du ihn kenntest diesen Dolch! –

EMILIA: Wenn ich ihn auch nicht kenne! – Ein unbekannter Freund, ist auch ein Freund. – Geben Sie mir ihn, mein Vater; geben Sie mir ihn.

ODOARDO: Wenn ich dir ihn nun gebe – da! *(Gibt ihr ihn.)*

EMILIA: Und da! *(Im Begriff sich damit zu durchstoßen, reißt der Vater ihr ihn wieder aus der Hand.)*

ODOARDO: Sieh, wie rasch! – Nein, das ist nicht für deine Hand.

EMILIA: Es ist wahr, mit einer Haarnadel soll ich – *(Sie fährt mit der Hand nach dem Haare, eine zu suchen, und bekömmt die Rose zu fassen.)* Du noch hier? – Herunter mit dir! Du gehörest nicht in das Haar einer, – wie mein Vater will, dass ich werden soll!

ODOARDO: O, meine Tochter! –

EMILIA: O, mein Vater, wenn ich Sie erriete! – Doch nein; das wollen Sie auch nicht. Warum zauderten Sie sonst? – *(In einem bittern Tone, während dass sie die Rose zerpflückt.[49])* Ehedem wohl

---

[49] Symbol für den Verlust der Unschuld

gab es einen Vater, der seine Tochter von der Schande zu retten, ihr den ersten den besten Stahl in das Herz senkte – ihr zum zweiten das Leben gab. Aber alle solche Taten sind von ehedem! Solcher Väter gibt es keinen mehr!⁵⁰

ODOARDO: Doch, meine Tochter, doch! *(Indem er sie durchsticht.)* Gott, was hab ich getan! *(Sie will sinken, und er fasst sie in seine Arme.)*

EMILIA: Eine Rose gebrochen, ehe der Sturm sie entblättert. – Lassen Sie mich sie küssen, diese väterliche Hand.

Achter Auftritt

DER PRINZ. MARINELLI. DIE VORIGEN

DER PRINZ *(im Hereintreten):* Was ist das? – Ist Emilien nicht wohl?
ODOARDO: Sehr wohl; sehr wohl!
DER PRINZ *(indem er näher kömmt):* Was seh ich? – Entsetzen!
MARINELLI: Weh mir!
DER PRINZ: Grausamer Vater, was haben Sie getan?
ODOARDO: Eine Rose gebrochen, ehe der Sturm sie entblättert. – War es nicht so, meine Tochter?
EMILIA: Nicht Sie, mein Vater – Ich selbst – ich selbst –
ODOARDO: Nicht du, meine Tochter; – nicht du! – Gehe mit keiner Unwahrheit aus der Welt. Nicht du, meine Tochter! Dein Vater, dein unglücklicher Vater!
EMILIA: Ah – mein Vater – *(Sie stirbt, und er legt sie sanft auf den Boden.)*
ODOARDO: Zieh hin! – Nun da, Prinz! Gefällt sie Ihnen noch? Reizt sie noch Ihre Lüste? Noch, in diesem Blute, das wider Sie um Rache schreiet? *(Nach einer Pause.)* Aber Sie erwarten, wo das alles hinaus soll? Sie erwarten vielleicht, dass ich den Stahl wider mich selbst kehren werde, um meine Tat wie eine schale Tragödie zu beschließen? – Sie irren sich. Hier! *(indem er ihm den Dolch vor die Füße wirft)* Hier liegt er, der blutige Zeuge meines Verbrechens! Ich gehe und liefere mich selbst in das Gefängnis. Ich

---

50 Anspielung auf die römische Virginia-Fabel

gehe, und erwarte Sie, als Richter. – Und dann dort – erwarte ich Sie vor dem Richter unser aller!

DER PRINZ *(nach einigem Stillschweigen, unter welchem er den Körper mit Entsetzen und Verzweiflung betrachtet, zu Marinelli):* Hier! heb ihn auf. – Nun? Du bedenkst dich? – Elender! – *(Indem er ihm den Dolch aus der Hand reißt.)* Nein, dein Blut soll mit diesem Blute sich nicht mischen. – Geh, dich auf ewig zu verbergen! – Geh! sag ich. – Gott! Gott! – Ist es, zum Unglücke so mancher, nicht genug, dass Fürsten Menschen sind: müssen sich auch noch Teufel in ihren Freund verstellen?

Ende des Trauerspiels

MATERIALIEN

I   Ein Trauerspiel? – „und es erhob sich so mancher Tumult in meiner Seele" (V, 7)

„Emilia Galotti" – Freie Volksbühne Berlin 1980

I Ein Trauerspiel?

1 Kurz gefasst

Zum Stück

Prinz Gonzaga von Guastalla ist seiner Geliebten, der Gräfin Orsina, überdrüssig: er hat sich in ein junges Bürgermädchen namens Emilia Galotti verliebt. Sein Kammerherr Marinelli setzt alles in Bewegung, um seinem Herrn die schöne Offizierstochter zuführen zu können. Keine leichte Sache: steht doch Emilia kurz vor der Heirat mit dem Grafen Appiani. So lässt Marinelli kurzerhand die Kutsche der beiden überfallen, der Graf wird erschossen, Emilia auf das Lustschloss des Prinzen gebracht. Der Faszination dieser fremden Welt ausgesetzt, schwankend zwischen Erziehung, Familie und dem in ihr erwachenden Liebesgefühl für den Prinzen, bleibt ihr kein anderer Ausweg: Sie fordert ihren Vater Odoardo auf, sie zu töten.

Die in einem italienischen Duodezfürstentum sich abspielende Handlung zeigt einerseits den absolutistischen Hof als treibende, sittenverderbende und kriminelle Kraft. Aber auch das bürgerliche Selbstverständnis und der Ehrbegriff des Patriarchen erscheinen selbstgerecht und weltfremd. Vor diesem Hintergrund erwächst Emilias Tragödie aus der Auswegslosigkeit ihres inneren Konflikts. Was ist stärker: die Macht der Erziehung oder die der Verführung?

„‚Verführung ist die wahre Gewalt.' Das ist der Schlüsselsatz des Dramas und einer jener Lessing-Sätze, deren Wahrheit unser Jahrhundert immer wieder so beschämend erlebt."

Dieter Hildebrandt

Programmheft „Emilia Galotti", Badisches Staatstheater 2001, S.1.

2 Aus einem Theaterprogrammheft

Brigitte Soubeyran:
Überlegungen zu Lessings Trauerspiel
EMILIA GALOTTI

Motto:
Ihre Anmerkung ist sehr gegründet, dass man bei Beurteilung gewisser Charaktere das Maß der Einsicht und des moralischen Gefühls mit in Betrachtung ziehen müsse, welches den Zeiten zukomme, in die sie fallen.
(Lessing an Moses Mendelsohn, 9.1.1771)

Dass die klassischen Texte noch wirken, hat mit ihrem Reservoir an Utopie zu tun: dass sie nicht mehr geschrieben werden können oder noch nicht wieder, mit ihrer Gefährdung bzw. mit dem Schwund der Utopie.
(Heiner Müller, Mühlheimer Rede, 6.9.1979)

Das Stück befremdet auf den ersten Blick; mehr noch, es erscheint penetrant. Da begehrt ein Prinz ein Mädchen ohne Rang und Vermögen; durch böse Intrigen gerät sie in die Fänge despotischer Gewalt, aber ehe es noch zur Verführung kommt, erbittet die Jungfrau – um
5 der Schande zu entgehen – ihren Tod. Der Vater entspricht dem Willen der Tugend und tötet die eigene Tochter.
 Handelt das Stück ein moralisches Prinzip ab, das Leute zwingt, im Tod eine Lösung ihrer Konflikte zu suchen? Und dieser jemand, der solch inhumanes Prinzip gutheißt, sollte der Aufklärer Lessing
10 sein, der Dichter des Nathan? Es heißt, dass Lessing dem Bewusstseinsstand seines Publikums vorauseilte und Fragen seiner Zeit in größeren Dimensionen aufwarf.
 ... die Emilia ist ein Rock auf den Zuwachs gemacht, in den das Publikum noch hineinwachsen muss, so ein Zeitgenosse aus Lessings
15 Freundeskreis. Sind wir, nach nunmehr zweihundert Jahren in diesen Rock hineingewachsen oder ist er uns schon zu eng geworden?

Ein Trauerspiel?

Was uns das Stück so ungenießbar macht, ist der autoritäre Anspruch einer längst vergangenen bürgerlichen Tugendmoral. Richtet sich Lessings polemische Tendenz nicht gerade auf diesen Punkt? Das Stück wäre somit kein Hohelied auf die Tugend, sondern es deckte deren Misere auf.

Lessings tragische Helden sind Kinder: Philotas, Sara, Emilia gehen zugrunde an ihren Vätern oder richtiger an deren Bild, das verinnerlicht über ihr Gewissen herrscht. Was tun Kinder, um ihre Mündigkeit zu erlangen, und was tun die Väter, um sie zu ermöglichen?

Lessing beschreibt Emanzipationen – mit einer Genauigkeit erforscht er psychische Prozesse, die ein späteres Jahrhundert, das die Psychoanalyse zur Wissenschaft erhebt, erst als Triebmomente menschlichen Verhaltens entdeckte. Bis zu seinem Alterswerk – der Erziehung zum Menschengeschlecht – bleibt Lessing diesem Thema treu: Vater im Sinne der Vernunft – und das heißt bei den Aufklärern auch *des Herzens* ist nur der, welcher das Kind als ein zur Mündigkeit bestimmtes Wesen begreift.

(Originalbeitrag für dieses Programmheft)

Hans A. Pestalozzi:
Kommentar zu EMILIA GALOTTI

Emilia Galotti ist ein pessimistisches Stück – hoffnungslos. Der Aussteiger wird umgebracht.
Die Rebellin lässt sich erdolchen – macht Selbstmord.
Die schweigende Mehrheit kuscht, lässt sich verführen, liefert sich damit aus.
Der Staat, das Establishment wird Opfer der Intrigen der Macht. Die Frauen haben nicht die geringste Chance, sich aus ihren Rollen zu lösen.
Es gibt keine Utopien, keinerlei Visionen, keine Möglichkeit der Veränderung.
Kann dies Sinn eines Theaterstückes sein: Resignation – Ohnmacht – Anpassung oder Selbstmord?
Emilia Galotti sollte heute nicht aufgeführt werden!

(Originalbeitrag für dieses Programmheft)

I Ein Trauerspiel?

Johann Bernhard Basedow:
Aus dem „Elementarwerk" 1774

Keuschheit und Ehrbarkeit

Übertritt in keiner Handlung die Ehrbarkeit. Wende die Augen ab von entblößten Körpern, vornehmlich des anderen Geschlechts. Entblöße dich selbst nicht im Beisein anderer ohne die äußerste Not. Meide nach Möglichkeit die Annäherung an Orten, wo das andere Geschlecht und selbst dein eigenes auf eine ungewöhnliche Weise entblößt erscheint. Gemälde und Bildsäulen entblößter Personen haben wenigstens die halbe Wirkung als die wirkliche Blöße. Meide also ihre Betrachtung, sobald sie in dir ein unruhiges Verlangen erregt, welches du nicht erfüllen darfst. Schlafe, wenn du es kannst, in einem besonderen Bette und nicht in demselben Zimmer mit dem anderen Geschlechte. Die Teile deines Leibes, welche du wegen der Ehrbarkeit nicht offenbar zeigen darfst, berühre nur in der höchsten Not mittelbar.

aus: Kinderschaukel 1, Darmstadt 1976

Frida Kahlo: Zerbrochene Säule, 1944

I Ein Trauerspiel?

„Als das Kind unter Schlägen und Liebkosungen aufgewachsen und nun zu Jahren des Verstandes gekommen war, stieß es der Vater auf einmal in die Fremde. Das in die Fremde geschickte Kind sahe andere Kinder."

Lessing

Lessing als Kind

Jugendliche äußern sich zu diesem Zitat von Lessing:

Wenn das Kind nicht so will wie der Vater, dann drückt der Vater es nieder und sagt: „Du bist nicht der gleichen Ansicht wie ich, du bist sowieso gegen das, wo ich dafür bin, ich kann dich nicht mehr brauchen, ich seh halt nicht ein, dass ich dich noch unterhalten soll."

Das ist ja so irgendwie die Meinung von ziemlich vielen Leuten, ein Kind wird aufgezogen, vielmehr wird erzogen, wächst auf, und wenn es dann einmal ein gewisses Alter erreicht hat, die Schule abgeschlossen hat, so heutiges Alter 17/18 'rum, wenn es mit der Schule fertig ist, dann wird ihm von daheim gesagt: „So jetzt bist du alt genug, jetzt haben wir alles gemacht, bist 18, so jetzt geh. Brauchst deine Eltern nicht, such dir 'ne Arbeit, ernähr dich selber, such dir 'ne Frau, gründe eine Familie, krieg Kinder, mach's Gleiche wie wir, gell."

Die Eltern versuchen es dem Kind schöner zu machen als sie es in ihrer Kindheit hatten, aber dann machen sie einfach den Fehler, wie

I Ein Trauerspiel?

in dem Spruch da drinsteht, schieben alle Probleme einfach raus, und versuchen, ihm die heile Welt vorzuspielen, solange es noch daheim ist im Elternhaus. Wenn es dann ein gewisses Alter erreicht hat: „Geh raus in die Welt, lern was, mach was, schaff was!" Sie schieben das Kind raus, stoßen es praktisch in die Kälte, vom warmen Haus einfach vor die Haustür.

Erst einmal finde ich schlecht, dass das Kind unter solchen Gegensätzen aufgewachsen ist, unter Schlägen und Liebkosungen. Auf der einen Seite ist man das brave, das gute Kind, „unser Liebstes" und dann auf der anderen Seite ein böses Kind, das geschlagen wird, so nach der Art wie man junge Hunde erzieht. Die muss man so erziehen, weil sie nur auf so etwas reagieren. Wozu sind wir Menschen, wenn man das Warum des Liebens und des Strafens nicht mehr erklären kann? Und am Ende wird dann das Kind in die Fremde geschickt, ohne ihm zu sagen, warum es jetzt gehen muss: „Also jetzt wird es Zeit, hau ab!"

Mit der Fremde, das kann man auch etwas anders verstehen. Also die Eltern sagen: „Jetzt mach mal, was du willst, wir helfen dir jetzt nicht mehr, du musst wissen, was du machst." Gehen lassen, aber nicht wegschicken, es nicht alleine lassen mit seinen Problemen.

(Auszüge aus einem Gespräch mit Schülern)

Es war einmal ein Kind eigensinnig und tat nicht, was seine Eltern haben wollten. Darum hatte der liebe Gott kein Wohlgefallen an ihm und ließ es krank werden, und kein Arzt konnte ihm helfen; und über kurz lag es auf dem Totenbettchen. Als es nun ins Grab versenkt und die Erde über es hingedeckt war, so kam auf einmal sein Ärmchen wieder hervor und reichte in die Höhe, und wenn sie es hinlegten und frische Erde darübertaten, so half das nicht, und das Ärmchen kam immer wieder heraus. Da musste der Vater selbst zum Grabe gehen und mit der Rute aufs Ärmchen schlagen, und wie er das getan hatte, zog es sich hinein, und das Kind hatte nun erst Ruhe unter der Erde.

(Ein Märchen der Gebrüder Grimm)

aus: Programmheft der Landestheater Württemberg-Hohenzollern, Tübingen 1982/83.

3 Höfische Welt

3.1 Hof (1735)

[...] Hof wird genennet, wo sich der Fürst aufhält. Durch sich alleine kan der Landes-Fürst den Staats-Cörper nicht bestreiten, er sey auch so klein als er wolle. Doch das ist noch nicht genug. Der Fürst muß bey fremden sowohl als einheimischen Ansehen haben. Fehlt dieses, wer wird seinen Befehlen gehorchen? Wären alle Unterthanen von der tieffen Einsicht, daß sie den Fürsten wegen innerlichen Vorzuges verehrten, so brauchte es keines äusserlichen Gepränges; so aber bleibet der gröste Theil derer gehorchenden an dem äusserlichen hängen. Ein Fürst bleibt derselbe, er gehe alleine oder habe einen grossen Comitat bey sich. Gleichwohl fehlet es nicht an Exempeln, da der Fürst, wenn er allein unter seinen Unterthanen herumgegangen, wenig und gar kein Ansehen gehabt, da man ihm hingegen gantz anders begegnet, wenn er seinem Stande gemäß aufgezogen. Dieserhalben ist also nöthig, daß der Fürst nicht nur Bediente habe, die dem Lande vorstehen, sondern auch, die ihm zum äusserlichen Staate und eigener Bedienung nöthig sind. Diese letztern sind die eigentlichen sogenannten Hof-Aemter und die, so selbige bedienen, heissen Hof-Leute, und machen zusammen des Fürsten Hof-Staat aus. Dergleichen Bedienungen anzunehmen, darf keiner ein Bedencken tragen, wenn er nur diejenigen Eigenschafften an sich hat, die dazu gehören, und er nicht zu etwas andern als diesem geschickter.

[...] Es ist zwar an dem, daß die Gelegenheit zu sündigen nirgends leichter als bey Hofe. Augen-Lust, Fleisches Lust und hoffärtiges Leben finden daselbst nach dem gemeinen Lauffe ihre beste Versorgung, und wer dazu nur etwas Lust hat, der wird gar leichte dazu Gelegenheit finden. Doch bilde dir nicht ein, als ob ausser denen Höfen lauter Gottesfurcht anzutreffen wäre. Wer sündigen will, wird auch mitten unter denen frömsten an denen heiligsten Oertern Gelegenheit darzu finden. Zu dem so ist es im Grunde falsch, daß bey allen Höfen obgenennten 3 schändlichen Götzen gedienet werde. GOttlob! daß zu unsern Zeiten es noch solche Höfe giebt, da Sünd und Schande übel anzusehen sind.

I Ein Trauerspiel?

Schmeichle dir also nicht damit, als ob du, indem du nicht am Hofe lebest, vor jenem, der sich daran befindet, fromm wärest. Das Hof-Leben an sich macht die Gottlosigkeit nicht aus, sondern der Fehler liegt an denen, die sich fälschlich einbilden, bey Hofe könne man ungescheut allen Lüsten des Fleisches nachgehen. Es lässet sich also über Haupt auf die Frage, ob es besser sey, bey Hofe oder ausser demselben zu leben, nicht sohin antworten. Deucht dir nach genauerer Prüfung der eine Hof dir mehr Gelegenheit zu sündigen zu geben, so suche einen andern, und mache da dein Glücke. An dir selbst aber must du abnehmen, ob du von GOtt zum Hof-Leben beruffen. Prüfe deine Kräffte, und findest du dieselben also, daß sie bey Hofe am nützlichsten sind, so kannst du in GOttes Namen dich an Hof begeben, auch fromm und selig dabey werden, wenn du nur Herr über deine Begierden bist. [...]

aus: Grosses vollständiges Universal Lexicon. Dreyzehnter Band. Hrsg. von Joh. H. Zedler. Leipzig und Halle 1735, Sp. 405/406. Ausschnitt.

3.2 Moderne Gegenwelt

Tränen beim Drogen-Geständnis der Braut

Unter Tränen hat sich die künftige Frau des norwegischen Kronprinzen Haakon drei Tage vor der Trauung öffentlich zu ihrer wilden Vergangenheit bekannt.

OSLO – „Es war für mich in dieser Zeit wichtig, die Grenzen des Akzeptierten zu überschreiten", gestand die 28-jährige Braut des norwegischen Kronprinzen Haakon, Mette-Marit Tjessem Höiby, gestern, drei Tage vor der Hochzeit, weinend der Öffentlichkeit. „Ich habe sehr ausschweifend gelebt und dafür teuer bezahlt." Jetzt distanziere sie sich eindeutig von Drogen, erklärte die allein erziehende Mutter eines vierjährigen Sohnes, dessen Vater wegen Drogenhandels rechtskräftig verurteilt wurde.

Abgesehen von ihrer Vergangenheit im Drogenmilieu ist die Tochter aus bescheidenen Verhältnissen Gelegenheitsjobberin ohne jede abgeschlossene Berufsausbildung und frühere „Partyqueen": vielen Norwegern ist sie zu gewöhnlich für die Rolle als künftige Königin. Haakon und seine Mette-Marit fanden einander bei einem Rockfestival, wo sich die Jugend Norwegens besonders gute Chancen auf einen netten Flirt, ein heißes Date im Campingzelt oder eben das große Glück ausrechnet. Haakon zog dann mit seiner Freundin zusammen und übernahm auch die Vaterrolle für Mette-Marits Sohn Marius. König Harald V. und Königin Sonja als Elternpaar des Thronfolgers räumten ohne Umschweife ein, dass ihnen das nicht zusagt.

Mette-Marits überraschendes Drogengeständnis dürfte die Hoffnungen im Osloer Schloss auf neue Popularität durch das Thronfolgerpaar kräftig dämpfen. Aber es gibt auch andere Meinungen: Die Zeitung „Dagbladet" lobt, dass Haakon und Mette-Marit schon jetzt gegenüber Journalisten so glatt, unverbindlich und jederzeit freundlich auftreten, wie es sich für Königliche nun mal angeblich gehört.

dpa

aus: Südwest Presse vom 23. August 2001

II Vatergestalten und Vatergewalten

1 Väter und Töchter

Julia: Ich fleh Euch auf den Knien, mein guter Vater:
   Hört mit Geduld ein einzig Wort nur an!
Capulet: Geh mir zum Henker, widerspenst'ge Dirne!
   Ich sage dirs: zur Kirch auf Donnerstag,
5   Sonst komm mir niemals wieder vors Gesicht,
   Sprich nicht! erwidre nicht! gib keine Antwort!
   Die Finger jucken mir. O Weib! wir glaubten
   Uns kaum genug gesegnet, weil uns Gott
   Dies e i n e Kind nur sandte; doch nun seh ich,
10   Dies e i n e ist um e i n e s schon zu viel,
   Und nur ein Fluch ward uns in ihr beschert.
   Du Hexe!
Amme: Gott im Himmel segne sie!
   Eur Gnaden tun nicht wohl, sie so zu schelten.
15 *Capulet*: Warum, Frau Weisheit? Haltet Euern Mund,
   Prophetin! Schnattert mit Gevatterinnen!
Amme: Ich sage keine Schelmstück!
Capulet: Geht mit Gott!
Amme: Darf man nicht sprechen?
20 *Capulet*:   Still doch, altes Waschmaul!
   Spart Eure Predigt zum Gevatterschmaus:
   Hier brauchen wir sie nicht!
Gräfin Capulet: Ihr seid zu hitzig!
Capulet: Gotts Sakrament! es macht mich toll. Bei Tag,
25   Bei Nacht, spät, früh, allein und in Gesellschaft,
   Zu Hause, draußen, wachend und im Schlaf,
   War meine Sorge stets, sie zu vermählen!
   Nun, da ich einen Herrn ihr ausgemittelt,
   Von fürstlicher Verwandtschaft, schönen Gütern,
30   Jung, edel aufgezogen, ausstaffiert,
   Wie man wohl sagt, mit ritterlichen Gaben,
   Kurz, wie man einen Mann sich wünschen möchte –
   Und dann ein albern, winselndes Geschöpf,
   Ein weinerliches Püppchen da zu haben,

Die, wenn ihr Glück erscheint, zur Antwort gibt: 35
„Heiraten will ich nicht, ich kann nicht lieben,
Ich bin zu jung – ich bitt, entschuldigt mich!" ...
Gut, wollt ihr nicht, ihr sollt entschuldigt sein:
Grast, wo ihr wollt, ihr sollt bei mir nicht hausen!
Seht zu! bedenkt! ich pflege nicht zu spaßen! 40
Der Donnerstag ist nah: die Hand aufs Herz!
Und bist du mein, so soll mein Freund dich haben –
Wo nicht: geh, bettle, hungre, stirb am Wege!
Denn nie, bei meiner Seel! erkenn ich dich,
Und nichts, was mein, soll dir zugute kommen. 45
Bedenk dich! Glaub, ich halte, was ich schwur!
[...]   *Ab*

Romeo und Julia, III/5, Shakespeares Werke, Bd. VI. Standard Verlag, Hamburg o. J., S. 66/67.

2 „Familiale Liebe ist die ‚wahre Gewalt'"

Der Verlauf der Handlung jedoch zeigt, wie eng und autoritär zugleich diese Liebe des Vaters zur Tochter ist.

Betrachten wir die Autoritätsverhältnisse im Hause Galotti etwas genauer: Odoardo besteht auf der Mitteilungspflicht seiner Gemahlin, die ihn über den Besuch der Vegghia im Hause Grimaldi hätte informieren sollen. Der Vater muss die ständige Aufsicht über seine Familienmitglieder haben, um sie von der als feindlich empfundenen Umwelt abzuschirmen. Was auf den ersten Blick als Ausdruck der sorgenden Liebe und des Wunsches, die Seinigen zu beschützen, erscheint, ist jedoch gleichzeitig auch ein Ausdruck der Gewalt über diese Familienmitglieder, die somit auf die Normen und Werte des Vaters verpflichtet werden. Odoardo reagiert in zweifacher Weise auf die Durchbrechung seiner Autorität durch die Mutter: zum einen mit Zorn ganz im Sinne des frühen Hausvaters der Komödien, aber auch mit dem Appell an die „Schuld der Liebe", an die Pflicht der Erwiderung der Liebe mit dem Satz „... fern von einem Manne und Vater, der euch so herzlich liebet." Odoardo hat seine Familie also in doppelter Hinsicht im Griff, zum einen durch die Ausübung traditioneller Auto-

II Vatergestalten und Vatergewalten

rität, wie sie sich in der Mitteilungspflicht der Gattin, der Gehorsamspflicht der Tochter etc. niederschlägt, und zugleich auch durch die Bande der Liebe, wie wir sie in Miss Sara Sampson ausführlich dargestellt sahen. So fühlt sich Emilia lediglich im Schutze des Hauses also unter Leitung der väterlichen Autorität geborgen („Nun bin ich in Sicherheit."). Diese ständige Überwachung durch den Vater oder die Vertreter seiner Gewalt, die Mutter oder die jeweiligen Bediensteten (Emilia hätte laut Odoardo nicht alleine zur Kirche gehen dürfen, verhindert die Ausbildung des Freudschen „Ichs", also dem Teil der Persönlichkeit, der durch Auseinandersetzung mit der Umwelt veränderte Teil des „Es", der für die Erfahrung von Werten wie Besonnenheit und Vernunft konstitutiv ist. Durch die Unterbindung jeglicher Auseinandersetzung mit der Umwelt kann sich das Ich nicht entfalten und die Persönlichkeit bleibt an die Autorität des Vaters gefesselt. „Das schwache Ich bedarf zur Bewältigung seiner psychischen Aufgaben der Autorität, die Autorität ihrerseits schwächt das Ich durch die Angst, die sie in ihm erzeugt."[1] Angst spürt man in Emilias erschrecktem Ausruf: „Mein Vater hier? – und wollte mich nicht erwarten?" Auch in dieser Aussage wird wiederum auf die zweifache Macht, die Odoardo über seine Familie hat, angespielt. Es handelt sich hier wohl um eine Mischung von Furcht vor Strafe und vor dem Liebesentzug des Vaters. Diese zur Schwächung des „Ichs" führende Furcht geht Hand in Hand mit der Stärkung der Funktionen des Über-Ichs; Fromm weist uns auf diesen Vorgang hin: „Die Autoritäten als Vertreter der äußeren Gewalt werden verinnerlicht, und das Individuum handelt ihren Geboten und Verboten entsprechend nun nicht mehr allein aus Furcht vor äußeren Strafen, sondern aus Furcht vor der psychischen ‚Instanz', die es in sich selbst aufgerichtet hat."[2]

Emilias starkes moralisches Empfinden ist Zeichen ihres starken Über-Ichs, das die Werte des Vaters verinnerlicht hat, um somit seine Anerkennung und Liebe zu garantieren.

Karin A. Wurst: Familiale Liebe ist die ‚wahre Gewalt'. Die Repräsentation der Familie in G. E. Lessings dramatischem Werk. Editions Radopi, Amsterdam 1988, S. 128/129 (Auszug).

---

1 + 2 E. Fromm: Studien über Autorität und Familie. Paris 1936, S. 84 u. 103.

3 Im Namen der Vätergewalt

TÜRKEI/Den Spagat zwischen Tradition und Moderne zahlen Frauen oft mit dem Leben

Heimtückische Morde der Männer-Ehre wegen

Vordergründig geht es um die „Ehre", doch dahinter steht Mord. Nicht nur in der Türkei werden junge Mädchen und Frauen ermordet, weil sie sich dem Diktat des Vaters oder der Brüder nicht mehr unterwerfen wollen. Und die Mörder finden Unterstützung: bei den Richtern.

ESTÜN ETE
ERNST W. HUND

Nach Sadid Kinats Vorstellungen brachte seine 13-jährige Tochter Dilber nur noch Schande über seine Familie: Sie sprach nicht nur öffentlich mit den Jungen auf der Straße; sie rannte sogar von ihrem Elternhaus weg. Als sie vor einigen Wochen dann erneut versuchte von zu Hause fortzulaufen, schnappte Sadid sich ein Küchenmesser und eine Axt und stach und schlug damit so lange auf seine Tochter ein, bis sie tot im Badezimmer der Familienwohnung in einem Istanbuler Stadtteil lag. [...]

„Ich bin nur meiner Pflicht nachgekommen", erklärte Sadid nach seiner Verhaftung der Polizei: „Wir töteten sie, weil sie, ohne uns zu fragen, einfach mit Jungen ausgegangen ist", so die Aussagen von Vater und den beiden Söhnen, die jetzt auf ihren Prozess warten.

Bei Dilber Kinats Tod handelt es sich um „Tötung der Ehre wegen"; eine Praxis, die immer häufiger auch in den Städten der Türkei ausgeübt wird. Es sind die starken Wanderungsbewegungen vom Land in die Städte, die Familien aus der Bahn werfen, weil moderne Lebensformen nicht so leicht mit den religiös geprägten Traditionen der Dörfer zu vereinbaren sind.

Als Angehörige einer jüngeren türkischen Generation haben heute besonders Mädchen eine bessere Erziehung und stehen durch Fernsehen und Leben in den Städten den Strömungen der heutigen Welt direkter gegenüber. Sie rebellieren in zunehmendem Maße gegen ihre Eltern, die an

II Vatergestalten und Vatergewalten

alten, von Männern beherrschten Traditionen festhalten, wonach Kontakte mit dem anderen Geschlecht, die selbständige Wahl eines Ehemannes oder ungehinderte Besuche bei Freunden außerhalb des eigenen Elternhauses unsittlich und unanständig sind.

Die zunehmenden Spannungen zwischen der älteren und der jüngeren Generation haben nicht nur zu einer alarmierenden Zunahme von Morden, Prügeln und anderen Gewalttätigkeiten innerhalb einzelner Familien geführt. Nach Angaben von Polizei und Frauenorganisationen ist auch die Zahl der Selbsttötungen von Mädchen und jungen Frauen deutlich angestiegen.

[...]

aus: Südwest Presse vom 28. August 2001

III Verführer und Verführte –
„Eine Rose gebrochen, ehe der Sturm sie entblättert." (V, 8)

1 Jakob Michael Reinhold Lenz: Der Hofmeister

Fünfte Szene

In Heidelbrunn
Augustchens Zimmer

GUSTCHEN *liegt auf dem Bette.* LÄUFFER *sitzt am Bette.*
LÄUFFER: Stell dir vor Gustchen, der Geheime Rat will nicht. Du siehst, dass dein Vater mir das Leben immer saurer macht: nun will er mir gar aufs folgende Jahr nur vierzig Dukaten geben. Wie kann ich das aushalten? Ich muss quittieren.
GUSTCHEN: Grausamer, und was werd ich denn anfangen? *(Nachdem beide eine Zeit lang sich schweigend angesehen.)* Du siehst: ich bin schwach und krank; hier in der Einsamkeit unter einer barbarischen Mutter – Niemand fragt nach mir, niemand bekümmert sich um mich: meine ganze Familie kann mich nicht mehr leiden; mein Vater selber nicht mehr: ich weiß nicht warum.
LÄUFFER: Mach, dass du zu meinem Vater in die Lehre[1] kommst; nach Insterburg.
GUSTCHEN: Da kriegen wir uns nie zu sehen. Mein Onkel leidt es nimmer, dass mein Vater mich zu deinem Vater ins Haus gibt.
LÄUFFER: Mit dem verfluchten Adelstolz!
GUSTCHEN *(nimmt seine Hand):* Wenn du auch böse wirst, Herrmannchen! *(Küsst sie.)* O Tod! Tod! warum erbarmst du dich nicht!
LÄUFFER: Rate mir selber – Dein Bruder ist der ungezogenste Junge den ich kenne: neulich hat er mir eine Ohrfeige gegeben und ich durft ihm nichts dafür tun, durft nicht einmal drüber klagen. Dein Vater hätt ihm gleich Arm und Bein gebrochen und die gnädige Mama alle Schuld zuletzt auf mich geschoben.
GUSTCHEN: Aber um meinetwillen – Ich dachte, du liebtest mich.

---
[1] Katechismusunterricht vor der Erstkommunion

III Verführer und Verführte

LÄUFFER *(stützt sich mit der andern Hand auf ihrem Bett, indem sie fortfährt seine eine Hand von Zeit zu Zeit an die Lippen zu bringen):* Lass mich denken... *(Bleibt nachsinnend sitzen.)*
GUSTCHEN *(in der beschriebenen Pantomime):* O Romeo! wenn dies deine Hand wäre – Aber so verlässest du mich, unedler Romeo! Siehst nicht, dass deine Julie für dich stirbt – von der ganzen Welt, von ihrer ganzen Familie gehasst, verachtet, ausgespien. *(Drückt seine Hand an ihre Augen.)* O unmenschlicher Romeo!
LÄUFFER *(sieht auf):* Was schwärmst du wieder?
GUSTCHEN: Es ist ein Monolog aus einem Trauerspiel, den ich gern rezitiere, wenn ich Sorgen habe. *(Läuffer fällt wieder in Gedanken, nach einer Pause fängt sie wieder an.)* Vielleicht bist du nicht ganz strafbar. Deines Vaters Verbot, Briefe mit mir zu wechseln; aber die Liebe setzt über Meere und Ströme, über Verbot und Todesgefahr selbst – Du hast mich vergessen... Vielleicht besorgtest du für mich – Ja, ja, dein zärtliches Herz sah, was mir drohte, für schröcklicher an als das, was ich leide. *(Küsst Läuffers Hand inbrünstig.)* O göttlicher Romeo!
LÄUFFER *(küsst ihre Hand lange wieder und sieht sie eine Weile stumm an):* Es könnte mir gehen wie Abälard[2] –
GUSTCHEN *(richtet sich auf):* Du irrst dich – Meine Krankheit liegt im Gemüt – Niemand wird dich mutmaßen – *(Fällt wieder hin.)* Hast du die Neue Heloïse[3] gelesen?
LÄUFFER: Ich höre was auf dem Gang nach der Schulstube. –
GUSTCHEN: Meines Vaters – Um Gottes willen! – Du bist drei Viertelstund zu lang hier geblieben. *(Läuffer läuft fort.)*

J. M. R. Lenz: Der Hofmeister oder Vorteile der Privaterziehung. 2. Akt, 5. Szene. Werke und Schriften II. Henry Goverts Verlag, Stuttgart 1967.

---

[2] Philosoph und Theologe (1079–1142), der als Hauslehrer seine Schülerin Heloise entführte und sich heimlich mit ihr verheiratete. Zur Bestrafung ließen ihn die Angehörigen überfallen und entmannen.
[3] Der Rousseausche Roman, dessen Handlung außer dem Lehrer-Schüler-Verhältnis der Liebenden nichts mit der historischen Liebesgeschichte gemein hat.

III Verführer und Verführte

2 „Verführung ist die wahre Gewalt"

Ist es nun doch an der Zeit, die Gretchenfrage der *Emilia Galotti* Interpretation zu stellen, also das: Wie hält sie's mit dem Prinzen? Will ihre Äußerung besagen, dass sie den Prinzen heimlich begehrt und deshalb sterben will, oder fürchtet sie, dass sie ihn begehren könnte, wenn sie ohne den väterlichen Schutz ist? Artikuliert sie hingegen ihre prinzipielle Einsicht, verführbar geworden zu sein, oder ist ihre Rede nur Mittel zum Zweck einer Täuschung des Vaters, der mit seiner Beihilfe zum Suizid die gefährdete moralische Autonomie seiner Tochter sicherstellen soll? Das sind einige der Fragen, die im Kontext dieser berühmt-berüchtigten Stelle des Dramas immer wieder zu Diskussionen über Emilias Charakter und zu einer psychologischen (Re-)Konstruktion der weiblichen Handlungsmotive geführt haben. [...]

Brigitte Prutti: Bild und Körper. Weibliche Präsenz und Geschlechterziehung in Lessings Dramen: Emilia Galotti und Minna von Barnhelm. Königshausen und Neumann, Würzburg 1996, S. 119.

3 Herr Lessing, bitte etwas mehr Verführung!

Friedrich Nicolei an Lessing

7. April 1772

Viele haben es nicht begreifen können und halten es für unnatürlich, dass der Vater seine geliebte Tochter bloß aus Besorgnis der Verführung erstechen könne. Diese aber sehen die große Wahrheit nicht ein, die Emilia sagt, dass Gewalt nicht Gewalt, sondern dass Verführung, liebreizende Verführung, Gewalt ist. Mein Freund, der Prediger Eberhard, sagt: die Emilia ist ein Rock auf den Zuwachs gemacht, in den das Publikum noch hineinwachsen muss. Dies gilt unter andern auch von der letzten Szene. Sollte ich aber etwas hierbei wünschen, so wäre es, dass Sie von der Verführung etwas auf dem Theater hätten vorgehen lassen, dass Sie den Prinzen hätten in einer Szene pressant sein lassen, und dass Emilia zwar nicht gewankt hätte, aber doch in einige

III Verführer und Verführte

Verlegenheit geraten wäre. Alsdann würde das Publikum die Bitte der Emilia um den Dolch gerechter gefunden haben, als jetzt, da
15 es die gefährlichen Grimaldis nicht vor Augen sieht, und den Prinzen noch lange nicht dringend genug findet.

Briefe von und an Lessing 1770–1776. Hellmuth Kiesel (Hrsg.). Deutscher Klassiker Verlag, Frankfurt/M. 1988, S. 389.

4 „Eine Rose gebrochen, eh der Sturm sie entblättert"

Johann Wolfgang von Goethe: Heidenröslein (1771)

Sah ein Knab ein Röslein stehn,
Röslein auf der Heiden,
War so jung und morgenschön,
Lief er schnell, es nah zu sehn,
5 Sah's mit vielen Freuden.
Röslein, Röslein, Röslein rot,
Röslein auf der Heiden.

Knabe sprach: Ich breche dich,
Röslein auf der Heiden!
10 Röslein sprach: Ich steche dich,
dass du ewig denkst an mich,
und ich will's nicht leiden.
Röslein, Röslein, Röslein rot,
Röslein auf der Heiden.

15 Und der wilde Knabe brach
's Röslein auf der Heiden;
Röslein wehrte sich und stach,
Half ihr doch kein Weh und Ach,
Musst es eben leiden.
20 Röslein, Röslein, Röslein rot,
Röslein auf der Heiden.

J.W. Goethe: Werke, Bd. 1. Hamburger Ausgabe. Christian Wegner Verlag, Hamburg 1982.

5 „Geben Sie mir diesen Dolch"

5.1 Der römische Philosoph Seneca (4 v. Chr. – 65 n.Chr.) über den Selbstmord

Schlimm ist es, in einer Zwangslage zu leben, doch in einer Zwangslage zu leben, dafür gibt es keinen Zwang. Wie sollte es keinen geben? Überall stehen Wege zur Freiheit offen, viele, kurze und leichte. Danken wir Gott, dass niemand im Leben festgehalten werden kann.

5.2 Immanuel Kant (1724–1804) über den Selbstmord

Einer, der durch eine Reihe von Übeln, die bis zur Hoffnungslosigkeit angewachsen ist, einen Überdruss am Leben empfindet, ist noch so weit im Besitze seiner Vernunft, dass er sich selbst fragen kann, ob es auch nicht etwa der Pflicht gegen sich selbst zuwider sei, sich das Leben zu nehmen. Nun versucht er: ob die Maxime seiner Handlung wohl ein allgemeines Naturgesetz werden könne. Seine Maxime aber ist: ich mache es mir aus Selbstliebe zum Prinzip, wenn das Leben bei seiner längern Frist mehr Übel droht, als es Annehmlichkeit verspricht, es mir abzukürzen. Es fragt sich nur noch, ob dieses Prinzip der Selbstliebe ein allgemeines Naturgesetz werden könne. Da sieht man aber bald, dass eine Natur, deren Gesetz es wäre, durch dieselbe Empfindung, deren Bestimmung es ist, zur Beförderung des Lebens anzutreiben, das Leben selbst zu zerstören, ihr selbst widersprechen und also nicht als Natur bestehen würde, mithin jene Maxime unmöglich als allgemeines Naturgesetz stattfinden könne, und folglich dem obersten Prinzip aller Pflicht gänzlich widerstreite.

aus: Ethik 29. Materialien LEU, Mai 1992, S. 20.

6 Elias Canetti: Die Versuchte

Die Versuchte kann nicht auf die Straße gehen, ohne dass sie von Männern verfolgt wird. Sie hat noch keine drei Schritte getan, – schon hat man sie bemerkt und geht ihr nach, manche überqueren um ihretwillen die Straße. Sie hat keine Ahnung, woran es
5 liegt, ist es ihr Gang, aber sie kann an ihrem Gang nichts Besonderes finden. Sie schaut niemanden an, wenn es noch wäre, dass sie Männer mit einem Blick provozierte. Sie ist nicht auffällig gekleidet, sie hat kein besonderes Parfüm, geschmackvoll, das ist sie, geschmackvoll und distinguiert, und ihre Haare, – sind es viel-
10 leicht die Haare? Sie hat sich ihre Haare nicht ausgesucht, doch sie trägt sie auf unverkennbare Weise.

Sie wünscht sich nur Ruhe, aber Luft schnappen muss sie schon und es lässt sich die Straße nicht immer vermeiden. Manchmal bleibt sie vor einer Auslage stehen und schon sieht sie
15 einen in der Scheibe, der hinter ihr steht und sie belästigen will und richtig, sie auch anspricht. Sie hört gar nicht hin, das kann sie sich denken, was der sagt, sie antwortet auch nicht gleich, das wäre zu viel Ehre. Aber wenn einer so lästig wird, dass sie ihn gar nicht mehr los wird, dreht sie sich plötzlich zu ihm um und zischt
20 ihm zornig ganz nah ins Gesicht, so nah, dass ihre Haare seine Krawatte streifen: „Was wollen Sie eigentlich von mir? Ich kenne Sie nicht! Belästigen Sie mich nicht! Ich bin nicht so Eine!"

Was erwartet man sich? Warum glaubt man ihr nicht? Sie schaut gar nicht hin, sie weiß nicht einmal, wie diese Männer aus-
25 sehen. Aber ihre Worte verfehlen ihren Zauber nicht, er wird noch lästiger, vielleicht ist es die Wirkung ihrer Haare an seiner Krawatte. Sie muss es von so nahe wie möglich sagen, um kein Aufsehen zu erregen. Was würden sich die Leute sonst denken, wenn sie ihre zornigen Worte hören? Er aber führt sich so auf, als wäre
30 sie so Eine und fährt ihr mit der Hand über die Haare. Wären die Leute nicht, er hätte jetzt eine Ohrfeige sitzen. Doch die Versuchte weiß, was sie sich schuldig ist, unterdrückt ihre Wut und rettet sich zur nächsten Auslage. Wenn sie ihn auch jetzt nicht los wird, lässt sie ihn schweigend von Auslage zu Auslage mitgehen, nicht
35 eine Silbe gönnt sie ihm mehr und passt gut auf, seiner Krawatte nicht wieder zu nahe zu kommen. Schließlich lässt er entmutigt

ab. Aber darauf wartet die Versuchte noch, dass ihr einer sagt: „Entschuldigen Sie, ich sehe, Sie sind nicht so Eine."

Die Versuchte ist eine Frau, sie hält was auf sich, sie kann es sich nicht erlauben, auf Auslagen zu verzichten. Sie hat das Parfum gewechselt, um Ruhe zu haben, es hilft nichts. Sie färbt sich sogar die Haare anders; alle Farben hat sie schon durchprobiert, aber die wollen nur immer dasselbe von ihr, alle sind immer hinter ihr her, sie braucht einen Ritter, der sie vor diesen Männern schützt, wo findet sie einen?

aus: Programmheft „Emilia Galotti" des Deutschen Theaters, Berlin 2001, S. 8/9.

7 Das Glück liegt am anderen Ufer

Das Stück hat zwei Botschaften, eine zutage liegende und eine verborgene. Die offenkundige lautet: Es gilt, sich aus der Unmündigkeit, der Verfallenheit an Ordnungen, die jeden nur zu ihrem Spielstein nehmen, zu befreien. Nur einer Figur des Stückes gelingt das: Emilia. Warum einer Frau? Lessings Urteil ist entschieden: Die Männer sind gänzlich in ihre Ordnungen verstrickt, der Prinz ins Machtspiel, Appiani in das Ehrspiel, Odoardo in die Moral. Jedoch die Befreiung der Emilia endet im Tode – und in der Einsamkeit. Sie wird zum Beweismittel des Männer-Spiels, mit dem das Stück im letzten Auftritt endet.

Die verborgene Botschaft des Dramas gilt der Einsicht, dass die Entfaltung der freien Subjektivität, welche Selbstverfügung, Wunsch und Tat vereint, die Aufhebung der Einsamkeit verlangt. Im Paar Odoardo-Emilia wird für einen Moment – im letzten Auftritt – die menschenleere Starrheit Odoardos menschlich; er will Emilia nicht bedenkenlos am Altar seines Rigorismus opfern. Freilich, dieser Moment geht vorüber, und der Machtkampf Emilia-Odoardo um die Verfügung über die Tat beginnt. Alle anderen Paarbeziehungen sind Etappen zum tödlichen Ende. Nur eine Verbindung weist den Weg aus dem Gefängnis der Ordnung – der Prinz beginnt zu lieben und Emilia beginnt zu wünschen. Bevor aber der Prinz zum Gefühl und Emilia zur Einsicht kommt, haben die anderen Paarbindungen beide nicht nur getrennt, sondern ihren Ansatz, zu sich zu kommen, gebrochen. Die Utopie bleibt ein uneingelöstes Versprechen. Das Glück liegt am anderen Ufer.

Ulrike Prokop; Ein Drama über die Zerstörung der Wünsche. In: Alfred Lorenzer (Hg.): Kultur-Analysen. © 1986 Fischer Taschenbuch Verlag GmbH, Frankfurt a.M., S. 287 f.

8 Von der Ohnmacht der Macht

In Lessings Stück stehen Sinnlichkeit und Sittlichkeit sich auf echt deutsche Weise gegenüber. Nach der Entführung mittels Gewalt erscheint das eigentliche Problem – die Gewalt der Verführung. Dosalo ist ein Denkmal deutschen Absolutismus. Lustschloss, künstliches Paradies auf kargem Boden, Treibhaus im nördlichen Wind, Palmen im Schnee, Kunst-Natur, der Garten Eden, aber nach der Schlange, die Unwahrheit Rousseaus, das Zurück der Natur, das Innere einer Seifenblase – das wahre Domizil dieses Prinzen. Er ist kein Schurke. Was nutzt es, für sein Volk früh aufzustehn? Wer dankt es ihm? Klagen, nichts als Klagen. Das Land: Langeweile („Geht denn gar nichts vor in der Stadt?" – „Gar nichts."); also der 1. Kritiker seines Landes („Ihr mit euren ersten Häusern!"); sicher Rousseauist („Wer sich den Eindrücken, die Unschuld und Schönheit auf ihn machen, ohne weitere Rücksicht so ganz überlassen darf..."); natürlich Kunst-Kenner und Mäzen („In meinem Gebiete soll die Kunst nicht nach Brot gehen, bis ich selbst keines habe."). Was Wunder, dass er auf das Bürgerskind verfällt? Was bleibt ihm in Deutschland von der Macht als ihre Passivität, der Genuss, der Verbrauch, der Konsum? Diese Ohnmacht der Macht, Reduktion des Regierens, lässt vom Politiker nur den Privatmann oder den Politiker als Privatmann, vom Szepter den Penis, vom Potentaten die Potenz. Das Volk reduziert sich auf die Tochter aus dem Volk. Er, der sein Herz „wider Willen verschenken" muss, dem statt der Liebe die Politik die Gattin zuführt, beneidet diesen Glücklichen, der statt der Karriere die Murmeltiere wählt. Er ist nicht glücklich – und das Unglücklichsein, mindestens der Zweifel am Glück, gehört zum Sturz dieser Herrschenden. Er fühlt, wo das Lebendige ist, und will es an sich ziehen. Aber wie? Dem frommen Bürgerskind gegenüber nützt auch nichts, dass er „Herr" ist – was hülfe da Gewalt?

Adolf Dresen: Emilia, oder die Gewalt der Verführung. In: Lessing heute. Beiträge zur Wirkungsgeschichte. Hrsg. E. Dvoretzky. Akademischer Verlag, Stuttgart 1981, S. 64/65.

9 Die Frage nach dem „Warum"?

Die nahe liegende Antwort auf die umstrittene Frage „Warum stirbt Emilia Galotti?" scheint zunächst einmal ganz einfach die zu sein, dass es sich hier um ein Trauerspiel handelt, in dem der Tod einer oder mehrerer Figuren aufgrund der Genrenorm ebenso unausweichlich ist wie im wirklichen Leben. Warum also die hartnäckigen Fragen nach dem Warum? Meiner These zufolge besteht das immer wieder konstatierte Fragwürdige des Dramenschlusses von *Emilia Galotti* genau darin, dass er so spektakulär zufällig ist und sich für den Leser als offener Schluss, d. h. als eine sich selbst und die tragische Genrenorm in Frage stellende Lösung zu erkennen gibt. In einer paradoxen Formulierung könnte man hier von einem Versagen im Gelingen sprechen (und vice versa). Das Stück ist insofern gelungen, als es den Tod einer Figur erfolgreich in Szene setzt und darin der tragischen Norm entspricht. [...]

Brigitte Prutti: Bild und Körper. Weibliche Präsenz und Geschlechtererziehung in Lessings Dramen: Emilia Galotti und Minna von Barnhelm. Königshausen und Neumann, Würzburg 1996, S. 97/88.

IV Aspekte der Entstehungsgeschichte – „Ehedem wohl gab es einen Vater, der seine Tochter von der Schande zu retten, ihr den ersten den besten Stahl in das Herz senkte ..." (V, 7)

1 Der Tod der Virginia

Der römische Geschichtsschreiber Livius berichtet Ende des 1. Jahrhunderts v. Chr. eine Geschichte aus dem republikanischen Rom des 5. Jahrhunderts v. Chr. Ein Ausschuss von 10 Patriziern, die Decemvirn, benutzten einen Auftrag der Gesetzesaufzeich-
5 nung, um die politischen Organe der Plebejer abzuschaffen und die Macht im Staat an sich zu reißen. Ihre Willkürherrschaft griff auch in persönlichste Bereiche über. Appius Claudius, das Haupt der Decemvirn, wollte Virginia, die schöne Tochter des Offiziers Virginius, die dem früheren Tribun Icilius verlobt war, verführen
10 und in seine Gewalt bringen. Er ließ sie durch einen Schützling unter dem Vorwand, sie sei dessen entlaufene Sklavin, festsetzen und vor ein Gericht stellen, dem er selbst präsidierte. Die Verhandlungen vor einer erregten Plebejer-Menge führten zu immer gröberen Rechtsbrüchen und schamloseren Entscheidungen.
15 Schließlich sah Virginius kein anderes Mittel, seine Tochter der Gewalt des Appius zu entreißen, als sie vor aller Augen mit einem eilig ergriffenen Messer zu töten. Das war zugleich das Fanal zum Plebejer-Aufstand, der die Decemvirn hinwegfegte.

aus: Programmheft der Württembergischen Landesbühne, Esslingen 1991/92, S. 13.

2 Gotthold Ephraim Lessing: Miss Sara Sampson

Dritter Aufzug

Erster Auftritt

Ein Saal im erstern Gasthofe.
SIR WILLIAM SAMPSON. WAITWELL.

SIR WILLIAM. Hier, Waitwell, bring ihr diesen Brief. Es ist der Brief eines zärtlichen Vaters, der sich über nichts, als über ihre Abwesenheit beklaget. Sag ihr, dass ich dich damit vorweg geschickt, und dass ich nur noch ihre Antwort erwarten wolle, ehe ich selbst käme, sie wieder in meine Arme zu schließen.
WAITWELL. Ich glaube, Sie thun recht wohl, dass Sie Ihre Zusammenkunft auf diese Art vorbereiten.
SIR WILLIAM. Ich werde ihrer Gesinnungen dadurch gewiss, und mache ihr Gelegenheit, alles, was ihr die Reue klägliches und erröthendes eingeben könnte, schon ausgeschüttet zu haben, ehe sie mündlich mit mir spricht. Es wird ihr in einem Briefe weniger Verwirrung, und mir vielleicht weniger Thränen kosten.
WAITWELL. Darf ich aber fragen, Sir, was Sie in Ansehung Mellefonts beschlossen haben?
SIR WILLIAM. Ach! Waitwell, wenn ich ihn von dem Geliebten meiner Tochter trennen könnte, so würde ich etwas sehr hartes wider ihn beschließen. Aber da dieses nicht angeht, so siehst du wohl, dass er gegen meinen Unwillen gesichert ist. Ich habe selbst den größten Fehler bey diesem Unglück begangen. Ohne mich würde Sara diesen gefährlichen Mann nicht haben kennen lernen. Ich verstattete ihm, wegen einer Verbindlichkeit, die ich gegen ihn zu haben glaubte, einen allzufreyen Zutritt in meinem Hause. Es war natürlich, dass ihm die dankbare Aufmerksamkeit, die ich für ihn bezeigte, auch die Achtung meiner Tochter zuziehen musste. Und es war eben so natürlich, dass sich ein Mensch von seiner Denkungsart durch diese Achtung verleiten ließ, sie zu etwas höherm zu treiben. Er hatte Geschicklichkeit genug gehabt, sie in Liebe zu verwandeln, ehe ich noch das geringste merkte, und ehe ich noch

Zeit hatte, mich nach seiner übrigen Lebensart zu erkundigen. Das Unglück war geschehen, und ich hätte wohl gethan, wenn ich ihnen nur gleich alles vergeben hätte. Ich wollte unerbittlich gegen ihn seyn, und überlegte nicht, dass ich es gegen ihn nicht allein seyn könnte. Wenn ich meine zu späte Strenge erspart hätte, so würde ich wenigstens ihre Flucht verhindert haben. – Da bin ich nun, Waitwell! Ich muss sie selbst zurückholen und mich noch glücklich schätzen wenn ich aus dem Verführer nur meinen Sohn machen kann. Denn wer weiß, ob er seine Marwoods und seine übrigen Kreaturen eines Mädchens wegen wird aufgeben wollen, das seinen Begierden nichts mehr zu verlangen übrig gelassen hat, und die fesselnden Künste einer Buhlerin so wenig versteht?

WAITWELL. Nun, Sir, das ist wohl nicht möglich, dass ein Mensch so gar böse seyn könnte –

SIR WILLIAM. Der Zweifel, guter Waitwell, macht deiner Tugend Ehre. Aber warum ist es gleichwohl wahr, dass sich die Gränzen der menschlichen Bosheit noch viel weiter erstrecken? – Geh nur jetzt und thue was ich dir gesagt habe. Gieb auf alle ihre Mienen Acht, wenn sie meinen Brief lesen wird. In der kurzen Entfernung von der Tugend, kann sie die Verstellung noch nicht gelernt haben, zu deren Larven nur das eingewurzelte Laster seine Zuflucht nimmt. Du wirst ihre ganze Seele in ihrem Gesichte lesen. Lass dir ja keinen Zug entgehen, der etwa eine Gleichgültigkeit gegen mich, eine Verschämung ihres Vaters, anzeigen könnte. Denn wenn du diese unglückliche Entdeckung machen solltest, und wenn sie mich nicht mehr liebt: so hoffe ich, dass ich mich endlich werde überwinden können, sie ihrem Schicksale zu überlassen. Ich hoffe es, Waitwell – Ach! wenn nur hier kein Herz schlüge, das dieser Hoffnung widerspricht.

(Sie gehen beide auf verschiedenen Seiten ab.)

G. E. Lessing: Sämtliche Schriften. 2. Band. Göschen Verlag, Leipzig 1853, S. 33 ff.

IV Aspekte der Entstehungsgeschichte

3 Braunschweiger Hoftheater 1772

Theaterzettel der Uraufführung anlässlich des Geburtstagsfestes der Herzogin

An seinen Verleger Ch. F. Voss

24. Dez. 1771

[…] Mit meinem neuen Stücke hätte ich vor, es auf den Geburtstag unserer Herzogin, welches der 10te März ist, von Döbbelinen hier zum erstenmale auffführen zu laßen. Nicht Döbbelinen zu Gefallen, wie Sie wohl denken können: sondern der Herzogin, die mich, so oft sie mich noch gesehen, um eine neue Tragödie gequält hat. […]

Gotthold Ephraim Lessing: Gesammelte Werke in zehn Bänden. Aufbau Verlag, Berlin 1957, S. 473. Ausschnitt.

IV Aspekte der Entstehungsgeschichte

An Herzog Karl von Braunschweig

Wolfenbüttel oder Braunschweig, Anfang März 1772
Ich unterstehe mich, eine große Kleinigkeit an Ew. Durchlaucht zu bringen, die jedoch für mich darum keine Kleinigkeit ist, weil ich nicht gern das Geringste tun oder geschehen lassen wollte, was Ew. Durchlaucht wünschen könnten, dass es gar nicht oder anders geschehen wäre.

Döbbelin hatte erfahren, dass eine neue Tragödie von mir, die ich aber bereits vor einigen Jahren ausgearbeitet, gegenwärtig in Berlin gedruckt werde. Er bat mich, ihm das Manuskript davon zukommen zu lassen, um sie auf den bevorstehenden Geburtstag der Herzogin Königl. Hoheit aufzuführen. Ich konnte ihm solches nicht wohl verweigern. Doch nahm ich mir sogleich dabei vor, so bald ein Abdruck in meinen Händen sein würde, durch Vorlegung desselben vor allen Dingen mich der Genehmigung Ewr. Durchlaucht zu versichern.

Ich tue solches hiermit, obschon das ganze Stück noch nicht gänzlich abgedruckt ist und ich Ewr. Durchlaucht nur die Bogen bis in den vierten Aufzug vorlegen kann.

Indes werden auch schon diese hinlänglich sein, einen Begriff von dem Ganzen zu machen, welches weiter nichts als die alte römische Geschichte der Virginia in einer modernen Einkleidung sein soll.

Ich weiß nicht, ob es überhaupt schicklich ist, an einem so erfreulichen Tage eben ein Trauerspiel aufzuführen; noch weniger weiß ich, ob Ew. Durchlaucht an diesem Tage nicht etwas ganz anders zu sehen wünschen könnten. Sollte dieses sein: so ist es zu einer Abänderung noch immer Zeit; und falls Ew. Durchl. dem Döbbelin nicht unmittelbar Dero Willensmeinung darüber wissen zu lassen geruhen wollen: so erwarte ich nur einen Wink, um unter irgendeinem leicht zu findenden Vorwande die Aufführung dieses neuen Stücks zu hintertreiben.

Gotthold Ephraim Lessing: Gesammelte Werke, Bd. 9, S. 503/504.

IV Aspekte der Entstehungsgeschichte

Ein Bürger aus Braunschweig

13. März 1772

Wir feyern Heute den Gebuhrtstag unsrer gnädigsten Landes-Mutter. [...] Aber das wird Ihnen eine sehr angenehme Nachricht seyn, weiß ich, daß der heutige Tag auch durch ein ganz neues Trauerspiel von Leßing gefeyert wird. Alle Liebhaber der Bühne sind in der ungeduldigsten Erwartung, umsomehr, da Herr Leßing es niemanden von seinen hiesigen Freunden hat lesen lassen. Es heißt Emilia Galotti; das ist alles, was ich heute noch davon sagen kann.

An seine spätere Frau Eva König

15. März 1772

[Das Stück] ist am 13ten dieses, vorgestern, als an dem Geburtstage der regierenden Herzoginn, in Braunschweig aufgeführt worden. Ich bin aber nicht bey der Aufführung gewesen; denn ich habe seit acht Tagen so rasende Zahnschmerzen, daß ich mich bey der eingefallenen strengen Kälte nicht herüber getraut habe.

Julius Braun: Lessing im Urteil seiner Zeitgenossen. 3 Bände, Berlin 1884–97, Bd. 1, S. 351.

V Bühne und Film

1 Staatstheater Braunschweig 2001

„Emilia Galotti"
Ein Trauerspiel in fünf Aufzügen

Wenn ein Wunsch, kaum dass er in Gedanken formuliert wäre, sich von selbst in die Tat umsetzte – Wenn, was man heimlich zu sich sehnte, wenige Zeit später vor einem stünde – Wenn ein verwünschter Konkurrent durch einen Unglücksfall seinen Einfluss verliert – wäre das nicht das Glück?

Lessings Theaterstück über Liebe, Gewalt und Machtmissbrauch aus dem Jahre 1772 ist in Zeiten, in denen politischer Auftrag und privates Interesse der Politiker immer stärker zu verschmelzen scheinen, aktueller denn je.

Anne Cathrin Buhtz als Emilia und Peter Pankalla als Odoardo

2 Marinelli als Regisseur

[...] Marinelli kann nun über alles verfügen, ohne selber die Verantwortung zu tragen. Dass der Herr zum Befehlsempfänger geworden ist, verdeutlichen die Anordnungen Marinellis, denen sich der Prinz zu fügen hat. Lessings konsequente Dramaturgie macht Marinelli auch zum immanenten Regisseur, indem er ihn den Ort des weiteren inszenierten Geschehens bestimmen lässt. [...]

Volker Nölle: Subjektivität und Wirklichkeit in Lessings dramatischem und theologischem Werk. Erich Schmidt Verlag, Berlin 1977.

3 Deutsches Theater Berlin

Die Unberührbaren

Berlin I: Michael Thalheimer inszeniert Lessings „Emilia Galotti" im Walzertakt des Herzklopfens am Deutschen Theater

Die Liebe ist ein Spiel der verhaltenen Gesten – beiläufiger, kaum sichtbarer Kleinigkeiten. Und jede Nuance enthält einen Hinweis darauf, dass sich die Gewichte verschieben: Ein Blick, der einen Atemzug zu lang auf einer fremden Person ruht; eine Hand, die sich, gerade noch offen, schließt und zurückzieht. Michael Thalheimers „Emilia Galotti" am Deutschen Theater in Berlin ist gespickt mit solchen Kleinigkeiten, aber sobald man eine herausgreift, stellt man eine andere hintan; dabei ergibt hier eine Kleinigkeit die andere, bis aus lauter Kleinigkeiten ein großes Unheil wird.

Bei Lessing gibt es einen Dolch, der von der Hand einer Gräfin in die Hand von Emilias Vater fällt, dann von der Hand des Vaters in die Hand Emilias, von der Hand Emilias in die Hand des Vaters zurück – bis der Vater die Tochter damit totsticht. Bei Thalheimer ist dieser Dolch durch eine Pistole ersetzt, dem einzigen Requisit auf der leeren tiefen Bühne. Und weil er die Geschichte als ein Ballett der großen Kleinigkeiten erzählt, weil er sie in die sanfte Gewalt eines Dreivierteltakts lenkt, spürt man von Anfang an, dass es aus so viel Zwangsläufigkeit kein Entrinnen geben kann. Emilia greift am Ende nach der Pistole und geht damit durch die Tür. Es fällt kein Schuss. Das ist auch nicht nötig: Man hört diesen Schuss auch so.

V Bühne und Film

Bitte sehr, meine Damen und Herren, diese Braut wird gleich erschossen: Odoardo Galotti (Peter Pagel) und Tochter Emilia (Regine Zimmermann)

Der Walzer mit seiner schmachtenden, manchmal auch schmerzend schrillen Violine dreht die Geschichte an und immer weiter, knapp achtzig Minuten lang. Doch man begreift erst allmählich, dass man längst den letzten Walzer hört, eine betörend gnadenlose Melodie in den Tod. Es ist nicht irgendein Walzer, den sich Thalheimer ausgesucht hat, es ist die Musik aus Wong Kar-Wais wunderbarem Film „In the Mood for Love" – und das ist mehr als eine kleine Reverenz. Damit nämlich wird die Stimmung dieses Films eingefangen, all die großen Kleinigkeiten, mit denen Wong Kar-Wai die Liebe inszeniert – ohne dass sich die Liebenden je berühren.

Der Duft der Frauen

Thalheimer hat sich von Wong Kar-Wais Gestik einiges abgeschaut, und so lässt er eine liebende Hand ständig nach der Liebe greifen, ohne dass sie die Wärme des begehrten Körpers spüren dürfte. Es ist beinahe so, als stünden die Körper unter Strom, so dass die liebende Hand nur in einem Sicherheitsabstand über Schultern, Arme und Beine gleitet. Und dadurch allenfalls ein Luftbild des Begehrens zeichnet, ein Phantom.

Doch das schließt kurze heftige Ausbrüche nicht aus, es provoziert es geradezu. Gesicht an Gesicht brüllen sich zwei Männer an, bis der fiese Kammerherr Marinelli die Erregung dämpft: nur Geduld! Und schon ist die Szene wieder im Lot des gedulig voranschreitenden Walzertaktes. Marinelli ist der Scherge des Prinzen, und weil sich dieser Prinz in die bürgerliche Emilia verschaut hat, muss er Emilias Bräutigam aus der Welt schaffen. Das kann Emilia nicht recht sein – oder doch ein bisschen. Denn so, wie sie von Regine Zimmermann gespielt wird, kühl und unnahbar im Stil eines Models, dabei knisternd sensibel für ihr erotisches Umfeld, scheint nichts wirklich entschieden. Der Prinz sieht ja eigentlich auch ganz nett aus! Und außerdem hat ihr Bräutigam (Henning Vogt) sie auf ein Kompliment warten lassen. So etwas kann eine sehr große Kleinigkeit sein.

Wenn sich Liebende so nah sind, dass es näher nicht geht, muss man sich ein paar Tricks einfallen lassen, um auch diese Nähe noch zu überwinden. Man stellt sich hinter die Angebetete und inhaliert ihren Duft, bis einem die Frau tief in die Lungen fährt. Darauf versteht sich der Prinz und auch der Bräutigam so gut, dass dieser Duft Emilia insgeheim verdoppelt. Das löst nicht den Konflikt, es macht ihn nur noch schöner, während Lessings politischer Konflikt darüber fast verschwindet. Sven Lehmann als Prinz trägt einen einfachen Anzug und darunter ein weißes Hemd mit einer billigen Stickerei. Und die einzige Unverschämtheit, die sich die Bürgerlichen leisten, ist, dass sie mit dem Finger gegen die Herrschenden stupsen. Trotzdem sollte man sich nicht täuschen lassen. Denn der Prinz hat die Macht: Einer mehr oder weniger, was heißt das schon; ich schrecke vor keiner Gewalttat zurück, scheint er zu sagen.

Dann ist der Bräutigam tot. Und als die Gräfin Orsina davon erfährt, kombiniert sie mit kriminalistischen Spürsinn, wie eins mit dem anderen zusammenhängt. Der Prinz will sie nicht empfangen? Da steckt eine andere dahinter! Nina Hoss federt auf dem Catwalk bis an die Rampe, aber sie trägt eine böse Lust in der Brust; sie lacht, weil Frauen scheinbar zum Lachen gemacht sind, aber es klingt trocken wie ein Schluckauf. Und als sie den Marinelli des Ingo Hülsmann erblickt, da küsst sie ihn förmlich nieder, obwohl sie ihn für den leibhaftigen Teufel hält: Wenigstens der Teufel weiß, wie man eine Frau anfasst.

Die Choreografie des aufziehenden Unheils ist ein Laufsteg-Ballett zwischen zwei hohen Holzwänden – aus dem Schlund der Bühne heraus, in den Schlund der Bühne hinein. Diese Wände von Bühnenbildner Olaf Altmann aber sind die Rippen einer ganzen Galerie riesenhafter Türen. Lange Zeit bleiben die Türen verborgen wie die Tapetentüren in fürstlichen Gemächern. Erst als Emilias Vater (Peter Pagel) von der Gräfin die Pistole zugesteckt wird, um die Schmach zu rächen, stößt er eine Tür nach der anderen auf, in der Furcht und Hoffnung zugleich, er könnte auf den Prinzen oder auf seine Tochter treffen. Oder noch schlimmer: auf beide zusammen.

Ganz zum Schluss dieser bestechend konsequenten Inszenierung kommt der Walzer zu sich selbst, und man sieht einer illustren Gesellschaft beim Tanz zu. Die vielen Augenblicke davor aber war der Dreivierteltakt etwas anderes. Man sah dieses Andere immer dann, wenn jemand sich auf die Brust klopfte, dorthin, wo das Herz schlägt. Der Walzertakt war dieses Herzklopfen. Und Michael Thalheimer hat dessen tödliche Mechanik entdeckt.

Ralph Hammerthaler

aus: Süddeutsche Zeitung vom 1. Oktober 2001

Destruktive Leidenschaft

Michael Thalheimer inszeniert Lessings „Emilia Galotti" in Berlin

Von Michael Bienert

Ein bürgerliches Trauerspiel – wie könnte das heute aussehen? In Lessings „Emilia Galotti" geht ein braves Bürgerkind an der Korruptheit der untergehenden Adelswelt des 18. Jahrhunderts kaputt. Doch indem der Vater die Tochter ersticht, scheint wenigstens die bürgerliche Moral gerettet. Das letzte Bild von Michael Thalheimers Adaption am Deutschen Theater zeigt etwas anderes: Emilia verschwindet zwischen einem Dutzend Ehepaaren, die sich gemessen im Walzerreigen drehen. Das Opfer wird von der bürgerlichen Welt verschluckt und verschwindet hinter ihrer Fassade.

Dieser Schluss ist ein Coup, so wie der Anfang. Zwei Flammen flackern auf, als Emilia den leeren Bühnenraum (von Olaf Altmann) zwischen zwei hohen Holzwänden betritt und wie auf einem Laufsteg nach vorn an die Rampe schreitet. Im karierten grünen Kleid, mit kurzen Haaren und großen Smaragdaugen erinnert die Schauspielerin Regine Zimmermann sofort an die zerbrechlichen Frauenopfer, die sie in den letzten Jahren am Gorki-Theater verkörperte: die Titelrolle in „Effi Briest", die Mieze in „Berlin Alexanderplatz" oder Hedwig in der „Wildente". Während sie stumm in den Zuschauerraum schaut, lassen die Theaterfeuerwerker hinter ihr einen Silberregen niedergehen. Dazu erklingt ein Geigenpizzicato, das den anderthalbstündigen Theaterabend mit leichten Variationen wie eine musikalische Endlosschleife untermalt. Wortlos dreht Emilia sich um und geht auf ihrem unsichtbaren Laufsteg zurück. Dort kommt ihr ein Mann im Anzug entgegen. Beider Bewegungen verraten einen rätselhaften Magnetismus, der den Lauf der Körper bremst und die Arme nach verborgenen Kraftlinien ausrichtet. In solchen Momenten sieht es so aus, als wären Lessings Figuren aus Goethes „Wahlverwandtschaften" entsprungen. Nur kurz berührt der Prinz (Sven Lehmann) das Mädchen. Das genügt, um ihn zu einem Verfallenen zu machen, der krampfhaft zuckt, als ihm der verschlagene Höfling Marinelli die Nachricht überbringt, Emilia werde heute einen anderen heiraten.

Es geht, mit einem Wort, in Thalheimers Inszenierung um die Dynamik einer verzehrenden Leidenschaft. Dass er ihr ausgeliefert ist, macht den verstrubbelten Prinzen bei aller Exaltiertheit zu einer ungeheuer sympathischen Figur. Dieser Kraft kann sich auch Emilia nicht entziehen. Ihre letzten Worte klingen wie ein Schuldgeständnis: „Auch meine Sinne sind Sinne. Ich stehe für nichts: Ich bin für nichts gut." So spricht ein gefallenes Mädchen, das bereits hinter sich hat, wovor Lessing sie durch das Messer bewahrte.

V Bühne und Film

In der streng choreografierten Bühnenwelt kann sich die Leidenschaft fast nur in destruktiven Gesten entladen. Immer wieder reißen sich die Männer die Jacketts herunter und den Hemdkragen auf, lassen keuchend den Überdruck heraus. Sonst bewegen sich die Figuren meist wie menschliche Roboter. Es gibt keine Innigkeit zwischen ihnen, keine Zärtlichkeit. Rasch rattern sie herunter, was nach Streichung von etwa 95 Prozent des Texts übrig geblieben ist. Wenige Sätze heben sich heraus: „Was soll ich denn tun?", sagt eine Figur nach der anderen.

Unerfüllte Sehnsucht lauert in allen. Mama Galotti (Katrin Klein) prallt mit ihrem erotischen Verlangen an Papa Galotti (Peter Pagel) ab. Der verfällt augenblicklich der vom Prinzen weggeworfenen Gräfin Orsina. Sie setzt sich an der Rampe eine Pistole an die Schläfe, schafft es aber nicht abzudrücken. Nina Hoss macht aus der Orsina eine ganz große und kluge Leidensfigur. Virtuos setzt sie ihren Sexappeal ein, um sich Marinelli (Ingo Hülsmann), den Drahtzieher des Prinzen, zu unterwerfen.

Michael Thalheimer inszeniert nicht einfach Lessing, er zerreißt das Gewebe des klassischen Dramas und baut das Stück in seiner eigenen Theatersprache völlig neu auf. Die brutale Destruktion lässt sich verschmerzen, weil die Neukonstruktion formal äußerst stringent und überzeugend ausfällt. Am Deutschen Theater, das unter der neuen Intendanz von Bernd Wilms wieder die führende Klassikerbühne in Berlin werden will, wirkt diese Inszenierung nach Jahren des Stillstands wie ein Befreiungsschlag.

aus: Stuttgarter Zeitung vom 5. Oktober 2001

V Bühne und Film

4 Württembergische Landesbühne 1991/92

Beatrix Doderer als Emilia Galotti

5 Literaturverfilmung

Emilia Galotti
Nach dem Schauspiel von G. E. Lessing
Produktion: DEFA/DDR 1957
Drehbuch und Regie: Martin Hellberg
Emilia Galotti: Karin Huebner
Prinz von Guastalla: Hans-Peter Thielen

V Bühne und Film

Emilia Galotti
Produktion: Fernsehen der DDR 1980
Regie: Klaus Dieter Kirst
Emilia Galotti: Hannelore Koch
Odoardo Galotti: Bernhard Baier

V Bühne und Film

Emilia Galotti
Theaterverfilmung der Münchner Kammerspiele 1984
Regie: Thomas Langhoff
Emilia Galotti: Sunnyi Melles
Claudia Galotti: Doris Schade

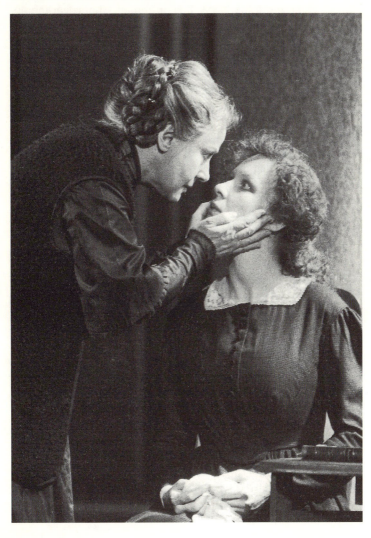

Zeittafel

1729   *22. Januar.* Lessing als drittes von zwölf Kindern in Kamenz in der kursächsischen Oberlausitz geboren. Sein Vater war lutherischer Pastor und als Übersetzer theologischer Schriften bekannt, seine Mutter war Pastorentochter.

1741–1746   Nach Absolvierung der städtischen Lateinschule in Kamenz Ausbildung in der sächsischen Fürstenschule St. Afra in Meißen (angesehenes Internat). Schwerpunkt: klassische Sprachen. Beschäftigung Lessings mit Cicero, Virgil, Horaz.

1746   *September.* Immatrikulation in der theologischen Fakultät zu Leipzig.

1747   Veröffentlichung anakreontischer „Lieder", Fabeln und des Lustspiels „Damon oder die wahre Freundschaft". Erste Beschäftigung mit dem Theater, vor allem mit Gottsched und seiner klassischen Theaterform.

1748   *Januar.* Erste Bühnenaufführung eines Lessing-Stücks, des Typenlustspiels „Der junge Gelehrte", durch das Neubersche Ensemble in Leipzig.
April–Juni. Überwechseln in die medizinische Fakultät in Wittenberg, danach Wiederaufnahme des Theologiestudiums.
November–1751. Übersiedlung nach Berlin. Versuch, sich als freier Schriftsteller und Literaturkritiker niederzulassen. Rezensent u. a. bei der „Vossischen Zeitung" und der „Berlinischen privilegierten Zeitung".

1749   „Die Juden", „Der Freigeist", „Samuel Henzi".

1751–1752   Formeller Abschluss der akademischen Ausbildung in Wittenberg mit der Magisterpromotion.

1752   Bekanntschaft mit Joh. Georg Sulzer, K. W. Ramler, Begegnung mit Voltaire.
November–Oktober 1755. Herausgabe des „Gelehrten Artikels", des Besprechungsteils der ‚Berlinischen privilegierten Zeitung'.

Zeittafel

1755	*Frühjahr.* Herausgabe der „Miss Sara Sampson" mit dem Untertitel ‚Bürgerliches Trauerspiel' Uraufführung in Frankfurt a. d. O.
1755	*Oktober.* Abreise nach Leipzig.
1756	*Mai–August.* Europäische Bildungsreise zusammen mit dem Leipziger Kaufmann Gottfried Winkler. In Amsterdam wegen Ausbruchs des Siebenjährigen Kriegs abgebrochen.
	Erste Begegnung mit Klopstock in Hamburg.
1758	*Januar.* Plan eines „bürgerlichen Virginia-Trauerspiels" (Emilia Galotti).
	Mai. Abreise nach Berlin.
1759	*Januar.* Zusammen mit F. Nicolai und M. Mendelssohn Herausgabe der „Briefe, die neueste Literatur betreffend" (Briefwechsel zwischen Lessing, Nicolai und Mendelssohn über das Trauerspiel).
1760	Übersetzung und Herausgabe von Diderots Dramen und dramentheoretischen Abhandlungen.
	November–Mai 1765. Sekretär in den Diensten des preußischen Generals Tauentzien in Breslau.
1764	Lebensgefährliche Erkrankung.
1765	*Mai–April 1767.* In Berlin ohne feste berufliche Bindung. Widerstand Friedrichs des Großen gegen die Ernennung Lessings zum Direktor der Königlichen Bibliothek.
1766	*Sommer.* Reise nach Pyrmont. Bekanntschaft mit Justus Möser, Joh. W. L. Gleim u. a.
1767	*April–April 1770.* Dramaturg und Kritiker am neu gegründeten Deutschen Nationaltheater in Hamburg.
	Mai. Erstes Stück der „Hamburgischen Dramaturgie" erscheint.
	„Minna von Barnhelm"-Uraufführung in Hamburg.
1767–1770	Wegen chronischer Finanzmisere verkauft Lessing seine über 6000 Bände umfassende private Bibliothek.
1770	Zusammentreffen mit Herder.
	Mai–1781. Leiter der berühmten herzoglichen Bibliothek in Wolfenbüttel auf Vermittlung Johann A. Eberts. Herzog Karl I. v. Braunschweig zahlt seinem Bibliothekar Lessing

Zeittafel

	jährlich 600, seinem Theaterdirektor und Kuppler Nicolini 30 000 Taler.
1771– 1777	Kontaktarmut und Vereinsamung im provinziellen Wolfenbüttel. Hoffnungen auf Berufungen als Theaterdirektor nach Wien, Dresden, Mannheim scheitern. Briefe voller Klagen: Melancholie, Arbeitsunfähigkeit, Hypochondrie.
1771	Verlobung mit Eva König.
1772	*13. März*. Uraufführung der „Emilia Galotti" zur Geburtstagsfeier der braunschweigischen Herzogin.
1775	*Mai–Februar 1776*. Reise nach Wien und Italien (in Begleitung des Prinzen Leopold von Braunschweig).
1776	*Januar*. Eheschließung mit Eva König.
1777	*Weihnachten*. Geburt und Tod eines Sohnes.
1778	*Januar*. Tod Eva Lessings. Fehde mit dem Hauptpastor J. M. Goeze in Hamburg („Anti-Goeze"). Verbot der Veröffentlichung weiterer theologischer Schriften gegen Goeze durch den Herzog von Braunschweig.
1779	„Nathan der Weise".
1780	Abschluss der Freimaurergespräche „Ernst und Falk", „Die Erziehung des Menschengeschlechts".
1781	*15. Februar*. Lessing stirbt in Braunschweig.

Inhaltsverzeichnis

I	**Ein Trauerspiel? – „und es erhob sich so mancher Tumult in meiner Seele"**	78
1	Kurz gefasst	79
2	Aus einem Theaterprogrammheft	80
3	Höfische Welt	85
3.1	Hof (1735)	85
3.2	Moderne Gegenwelt	87
II	**Vatergestalten und Vatergewalten**	88
1	Väter und Töchter	88
2	„Familiale Liebe ist die ‚wahre Gewalt'"	89
3	Im Namen der Vätergewalt	91
III	**Verführer und Verführte – „Eine Rose gebrochen, ehe der Sturm sie entblättert."**	93
1	Jakob Michael Reinhold Lenz: Der Hofmeister	93
2	„Verführung ist die wahre Gewalt"	95
3	Herr Lessing, bitte etwas mehr Verführung!	95
4	„Eine Rose gebrochen, eh der Sturm sie entblättert"	96
5	„Geben Sie mir diesen Dolch"	97
5.1	Der römische Philosoph Seneca (4 v. Chr.– 65 n. Chr.) über den Selbstmord	97
5.2	Immanuel Kant (1724 – 1804) über den Selbstmord	97
6	Elias Canetti: Die Versuchte	98
7	Das Glück liegt am anderen Ufer	99
8	Von der Ohnmacht der Macht	100
9	Die Frage nach dem „Warum"?	101
IV	**Aspekte der Entstehungsgeschichte – „Ehedem wohl gab es einen Vater, der seine Tochter von der Schande zu retten, ihr den ersten den besten Stahl in das Herz senkte ..."**	102
1	Der Tod der Virginia	102
2	Gotthold Ephraim Lessing: Miss Sara Sampson	103
3	Braunschweiger Hoftheater 1772	105

Inhaltsverzeichnis

V	**Bühne und Film**	108
1	Staatstheater Braunschweig 2001	108
2	Marinelli als Regisseur	109
3	Deutsches Theater Berlin	109
4	Württembergische Landesbühne 1991/92	114
5	Literaturverfilmung	115

Zeittafel 118

Bildquellenverzeichnis

S. 78: © Cinetext Bild- und Textarchiv, Frankfurt
S. 82: Archiv für Kunst und Geschichte, Berlin
S. 83: Bildarchiv Preußischer Kulturbesitz, Berlin
S. 105: Lessing-Akademie, Wolfenbüttel
S. 108: Staatstheater Braunschweig, Foto: Thomas Ammerpohl
S. 110: Deutsches Theater Berlin, Foto: Iko Freese
S. 114: aus: Programmheft der Württembergischen Landesbühne, Esslingen, Foto: Bernhard Widmann
S. 115: Bundesarchiv Berlin, Foto: Waltraut Pathenheimer
S. 116: Lessing-Museum, Kamenz
S. 117: © Oda Sternberg, München

Nicht in allen Fällen war es uns möglich, den uns bekannten Rechteinhaber ausfindig zu machen. Berechtigte Ansprüche werden selbstverständlich im Rahmen der üblichen Vereinbarungen abgegolten.